IBÈRES, IBÉRIE

ÉTUDE

Sur l'origine et les migrations de ces Ibères,
premiers habitants
connus de l'occident de l'Europe.

PAR

Adolphe GARRIGOU

Membre correspondant de l'Académie des sciences de Toulouse
et président honoraire
de la Société ariégeoise des sciences, lettres et arts.

———⋖✦⋗———

FOIX
TYPOGRAPHIE VEUVE POMIÈS

—

1884

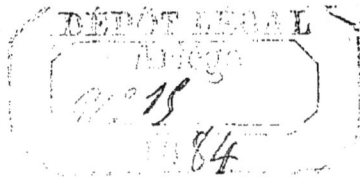

IBÈRES, IBÉRIE

ÉTUDE

1688

Sur l'origine et les migrations de ces Ibères,
premiers habitants
connus de l'occident de l'Europe.

PAR

Adolphe GARRIGOU

Membre correspondant de l'Académie des sciences de Toulouse
et président honoraire
de la Société ariégeoise des sciences, lettres et arts.

———— ✦ ————

FOIX
TYPOGRAPHIE VEUVE POMIÈS
—
1884

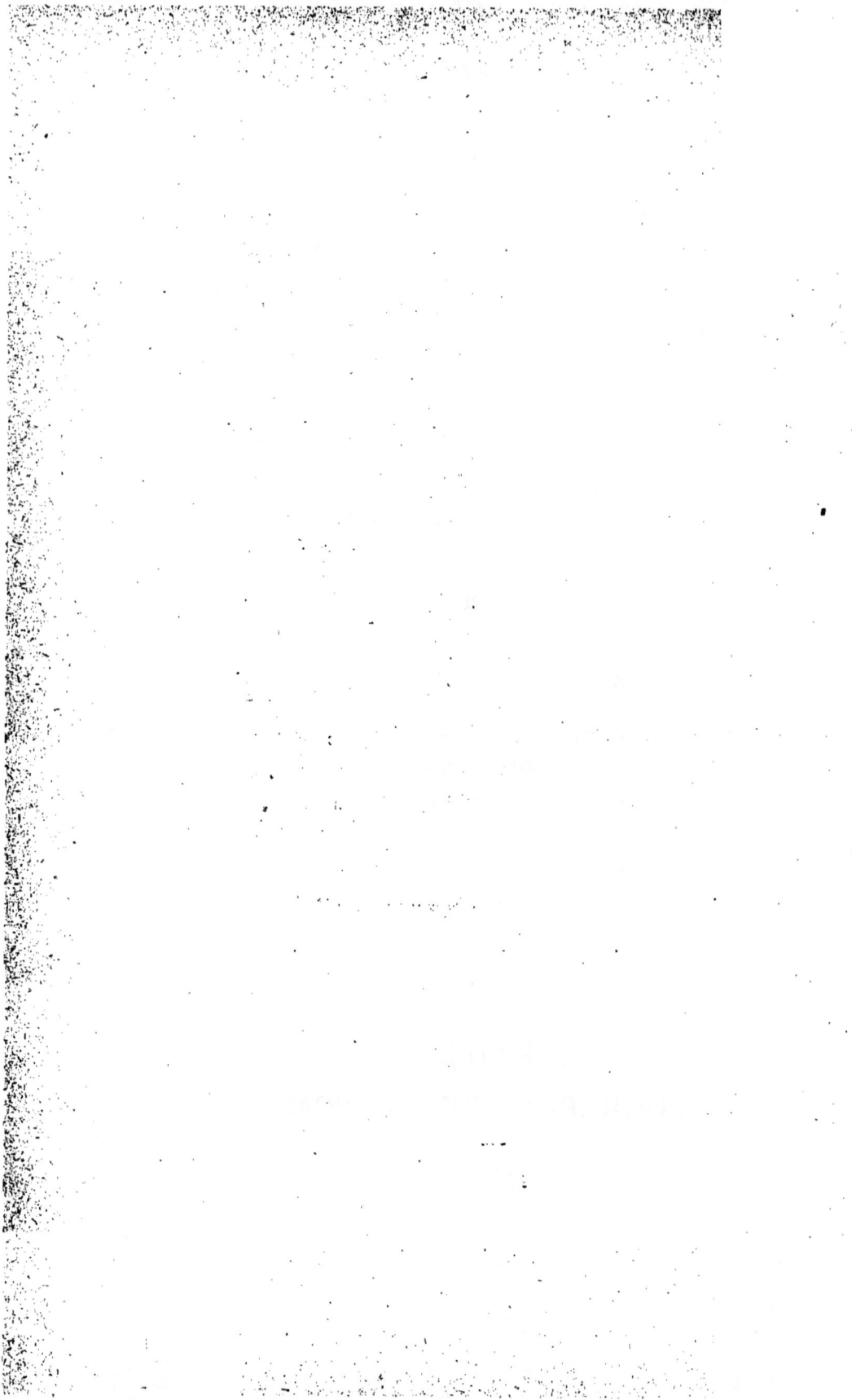

AVANT-PROPOS

Le nom d'*Ibère* et d'*Ibérie* apparaît dans les premiers temps historiques , mais la véritable origine et les migrations de cette famille primitive ne s'entrevoient guère jusqu'ici qu'à travers des nuages. Le but que je me suis proposé est de jeter un peu plus de jour sur tout ce qui concerne ces premiers habitants connus de l'occident de l'Europe.

Tout livre de science est un livre d'emprunts, puisque la science se compose de découvertes successives. Je ne pourrai donc atteindre mon but qu'en me faisant un étai de tout ce qu'ont écrit de sérieux et d'acceptable, sur ce même sujet, des devanciers autorisés soit anciens, soit modernes.

J'avais consacré divers mémoires imprimés pour dire que les *Sotiates*, *Euskes* d'origine, et incontestablement *Ibères* n'avaient pu habiter que les vallées comprises entre l'*Aude* et les affluents du *Salat*, au sud de Toulouse, Carcassonne et Narbonne, comme l'a écrit César (1). Une critique aussi judicieuse que bienveillante, et dont je ne puis que me trouver flatté, m'a fait

---

(1) *Études historiques sur le pays de Foix et le Couserans;* les *Sotiates*, Toulouse, 1856. — *Limites de l'Aquitaine avant César*, Toulouse, 1863. — *Histoire des populations pastorales des Pyrénées*, Toulouse, 1857. — *Réponse manuscrite à l'histoire de Jules César, par Napoléon III*, adressée à l'Institut en 1869. — *Lettre à l'Académie des sciences de Toulouse*, 1872. — *Vallées ariégeoises avant César*, 1882; *Romains et Sotiates*, 1884.

apercevoir qu'une lacune existait dans toutes mes précédentes publications. Les *Euskes* de nos Pyrénées étant jusqu'ici regardés comme faisant partie de la famille ibérienne, j'aurais dû entrer, au sujet des *Ibères*, dans des détails et des explications devenues nécessaires. Je l'aurais dû d'autant qu'un livre tout à fait en contradiction avec ma manière de voir (1) assigne aux *Ibères*, en mettant même en doute leur dénomination, qu'il traite de fantastique, une autre origine que celle que je leur donne, en m'appuyant sur les seuls documents historiques que l'on peut invoquer.

Cette critique, me venant de divers amis, m'a déterminé à reprendre la plume, d'autant plus volontiers que sur un autre point purement linguistique, un bienveillant aristarque m'a

_____

(1) L. F. Graslin, de l'*Ibérie*, Paris, Leleux, 1838.

VI

fait aussi apercevoir d'une interprétation que j'ai donnée à un terme latin
et que je reconnais aujourd'hui fautive.
Le lecteur ne pourra donc me savoir
mauvais gré de lui présenter, comme
avant-propos de ma nouvelle étude
historique, une lettre très logique qui
m'a mis à même, d'une part, de reconnaître, dans mes diverses publications,
cette fausse interprétation, dont avec
raison on m'a fait un reproche, et,
d'autre part, une lacune, que pour plus
de clarté, je dois remplir, en recher-
chant ce qu'étaient en réalité ces *Ibères,*
dont les *Euskes* et mes *Sotiates* avaient,
d'après César et Strabon, la même
constitution physique, les mêmes
mœurs et le même idiome.

Laissons s'expliquer l'un de ces
bienveillants critiques.

« Cher Sotiate, désireux comme
vous de voir l'histoire de nos populations méridionales s'arracher du dédale des légendes et des fables, la

lecture de vos *Vallées ariégeoises avant l'invasion romaine* m'engage à vous soumettre quelques observations, dont votre bon esprit ne saurait se formaliser.

« Premièrement, vous avez cherché à donner une explication du terme latin *Aquitania* employé par César, pour désigner le pays occupé par les *Euskes*: secondement, vous nous parlez à tout propos des *Ibères*, dont ces *Euskes* formaient une grande tribu, sans nous faire connaître leur véritable origine. Jaloux comme vous l'êtes de voir la vérité seule se faire jour dans vos écrits, j'appelle votre attention sur ces deux points.

« Occupons-nous d'abord du premier.

« Comme vous l'avez fait judicieusement remarquer, ces *Euskes* sont nommés dans les divers manuscrits de Strabon, les *Oïci, Ouïsci, Iosci, Vi-*

VIII

bisci et *Acouïtanoï* (1). Sans vous être
assez pénétré de ces expressions du
grand géographe, vous avez cherché
l'explication du terme *Aquitani*, dans
ceux purement latins de *Aquas tenens*
(peuple retenant les eaux). Bien que,
comme vous, j'admette, au pied des
Pyrénées, l'existence de lacs nombreux
et l'extension des rivières, dans le fond
des vallées, servant peut-être de moyens
de défense aux indigènes des premiers
temps contre une invasion, je ne trouve
pas moins votre explication hasardée.
Je ne saurais non plus et encore moins
approuver celle que nous ont donnée
le savant Danvile dans sa notice, et de
nos jours l'académicien Davezac, dans
l'*Encyclopédie nouvelle*, au mot *Aquitaine*. Ils ont écrit que le terme *Aquitania* fut donné par les latins au pays
des *Euskes*, à cause des nombreuses

(1) Strabon, édition Muler-Didot, Livre IV,
chapitre II, page 157.

sources thermales de la chaîne des Pyrénées. Ces écrivains avaient sans doute perdu de vue que les thermes pyrénéens n'eurent quelque vogue que longtemps après César, qui a été un des premiers à appliquer cette expression *Aquitania* au pays des *Euskes*.

« Avez-vous donc vous-même perdu de vue ce qu'avait écrit à ce sujet l'érudit et si regrettable Henri Martin lorsqu'il disait dans sa lettre au docteur F. Garrigou, votre fils, lettre que celui-ci a imprimé en tête de sa monographie de Luchon : « *Je crois qu'il* « *importerait de renoncer tout à fait* « *à l'Aquas tenens, comme étymologie* « *d'Aquitaine. Vous n'en avez nul be-* « *soin pour votre thèse aquatique* (1). »

« On s'est donné beaucoup de peine, pour expliquer l'origine de cette désignation géographique. Mais si on s'en

_____

(1) Monographie de Bagnères-de-Luchon, par F. Garrigou. Lettre d'Henri Martin, p. II.

rapporte à l'époque où les noms de la
péninsule ibérique commencèrent à
figurer dans les livres latins, bien des
peuplades y apparaissent dont les
noms se terminent par les deux sylla-
bes *tani, tania*. Ainsi en est-il des *Ce-
retani*, des *Jacetani*, des *Turditani*,
des *Lusitani* et autres. La désinence
du mot *Aquitani* semble avoir la même
origine; et il ne reste qu'à se rendre
compte du préfixe *aqui* qui lui est
propre. A quel peuple César donne-
t-il le nom d'*Aquitani?* Aux *Euskes*,
que Strabon a désigné par le nom
caractéristique d'*Ouïsci,* prononcé
Ouïski; que ce dernier terme remplace
l'*Aqui* de César, on obtient *Ouïskitani*
et le problème tend à s'expliquer. Qui
pourra nous affirmer que l'un des manuscrits de César ne portait pas
l'*Ouïskitani*, ou comme va nous l'in-
sinuer Amédée Thierry, *V'askitani,* (le
V s'aspirant) et non l'*Aquitani?* Est-ce
que les mêmes manuscrits n'ont pas

aussi visiblement altéré la rédaction des *Commentaires,* lorsque les copistes de César ont donné au chef des *Sotiates* le nom d'*Adcantuan?* Si on consulte la numismatique, ce chef, sur toutes les monnaies, figure sous le nom d'*Adietuanus rex.* Si les manuscrits consacrent une erreur, visiblement ici relevée par un monument métallique, ils ont pu en commettre une aussi évidente en écrivant *Aquitani* au lieu d'*Ouïskitani* ou *V'askitani* (le V disparaissant ou étant aspiré.)

« Nos Trouvères du moyen âge appelant le midi de l'ancienne Gaule *Occitanie* semblent, peut-être sans s'en douter, venir à l'appui de cette démonstration ; comme aussi le terme *Langue doc*, au lieu d'être ainsi qu'on le croit l'objectif d'une prétendue *Langue d'oil*, a pu signifier dans le passé *La Langue d'Euske.*

« Le terme basque *Akkitania*, pays des rochers, rappelé par Guillaume de

Humbold (1) pourrait aussi avoir été le nom employé par les *Euskes* eux-mêmes pour désigner leur pays montagneux.

« D'un autre côté, ce qu'a écrit le savant Amédée Thierry semble venir en aide à cette même explication tendant à prouver que les manuscrits de César ont pu être fautifs. *Le radical Ausk, Osk, Esk, dit ce savant, dont Vask paraît n'être qu'une forme aspirée, figure très fréquemment dans les anciens noms de localités et de tribus, soit au sud, soit au nord des Pyrénées. On peut déduire de là que le mot Vascon ou quelque forme voisine de ce mot avait déjà, avant les Romains, une grande extension en deçà et au delà de la chaîne et qu'il y était employé dans une acception générique, car le*

(1) Guillaume de Humbold, *Recherches sur les habitants de langue basque.* Traduction de Marrast, page 82.

mot Aquitain paraît étranger à la langue basque (1).

« Il semblerait donc résulter de ces diverses observations que les premiers copistes des *Commentaires* ont écrit *Aquitani* au lieu d'*Ouïskitani*, ou mieux, suivant Amédée Thierry, *Vaskitani*.

« Vous nous avez mathématiquement prouvé que les *Sotiates* de race ibérienne n'étaient pas *Celtes* (2) et qu'ils n'ont pu exister qu'au sud de Toulouse, Carcassonne ou Narbonne, c'est-à-dire dans les vallées de l'*Ariège* ou de l'*Aude,* ce qui prouve que la limite orientale de l'Aquitaine avant César n'était pas le val d'Aran où la Garonne prend sa source. Mais vous

(1) Amédée Thierry, *Histoire des Gaulois*, tome I. Introduction, page XCVIII.

(2) Ma réponse à M. Castaing de la Société d'ethnographie. *Avenir de l'Ariège*, 21 octobre 1883.

ne nous avez donné que des détails bien incomplets relatifs aux *Ibères*. C'est une lacune qu'il faut remplir, et la tâche vous en est imposée, d'une part, pour répondre à l'auteur de l'Ibérie, qui est en contradiction avec vous, de l'autre, pour donner plus d'autorité à vos affirmations. Vos lecteurs ne pourront que vous savoir gré de ce nouveau labeur.

« STAHL. »

Devant cette bienveillante et si logique correspondance, il y aurait mauvaise grâce à moi de rester sourd à cet appel. Je vais donc présenter à mes lecteurs une étude spécialement consacrée aux *Ibères,* avec cette conviction que si ceux qui prendront la peine de me lire trouvent quelque intérêt à cette lecture, je le devrai aux judicieux amis qui m'auront invité à reprendre la plume.

Une autre tâche m'incombe encore, et mon travail sur les *Ibères* serait incomplet si je ne consacrais pas mes derniers chapitres à répondre à trois sérieuses observations qu'on m'a faites à propos de ce que j'ai écrit, soit au sujet des limites de l'ancienne Aquitaine, telles que nous les ont données César et Strabon, soit à propos de la première campagne des Romains contre les Sotiates, soit enfin relativement à une récente découverte anthropologique qui, d'après moi, se rattache à l'époque ibérienne, et d'après d'autres simplement aux temps mérovingiens.

Ma réponse à ces trois critiques ne sera pas un hors-d'œuvre, car ces questions sont essentiellement liées au sujet que j'ai à traiter, et j'en renvoie l'examen à la fin de mon étude sur les *Ibères*.

IBÈRES, IBÉRIE

CHAPITRE PREMIER

Examen sommaire du livre de M. Graslin sur l'*Ibérie*, dont,
avec bien des écrivains modernes les plus autorisés, je ne puis
accepter ni la thèse ni les conclusions. — M. Graslin soutient
qu'à l'origine des temps historiques l'occident de l'Europe n'é-
tait habité que par des Celtes ; que les Ibères n'étaient autres
que des Celtes fixés sur les bords de l'Èbre ; que les premiers
explorateurs de l'Espagne ont été les Phéniciens ; que les Latins
ont connu l'intérieur de l'Espagne avant les Grecs, et que si
quelques auteurs latins n'ont vu, comme les Grecs, que des
Ibères dans la Péninsule, à l'origine des temps, ils se sont
tous trompés. — Premiers motifs pour ne pas admettre une
semblable théorie qui me paraît complètement erronée.

Livrer au public une étude sur les *Ibères*, sans
s'arrêter à l'examen préalable de ce que d'autres, avec lesquels on est loin d'être d'accord,
ont écrit sur ce même sujet, serait présenter
un tableau péchant par la base et incomplet.

1

Un auteur, entre autres, M. Graslin, dans son livre de l'*Ibérie*, en se mettant en contradiction avec les historiens modernes les plus autorisés, et n'admettant à l'origine des temps que des *Celtes* ou des *Scytes*, dans tout l'occident de l'Europe, a voulu prouver que les *Ibères*, que d'autres y voient, n'étaient que des *Celtes*, et que la Péninsule entre le détroit *de Gades* et les Pyrénées au lieu de se nommer l'*Ibérie* se nommait *Hispania*, appellation que lui avaient imposée les Phéniciens, premiers explorateurs de cette contrée.

Quoique je sois disposé à reconnaître que les écrivains les plus érudits aient pu quelquefois se tromper, il m'est difficile d'admettre que lorsqu'un fait historique est accepté par le plus grand nombre d'historiens supérieurs, le lecteur intelligent fermera l'oreille à ce qu'ils auront écrit, pour suivre sans examen et sans réflexion un nouveau venu voulant se faire une gloire de les combattre.

Dans son livre sur l'*Ibérie*, l'auteur nous déclare lui-même, en débutant, que les systèmes de Scaliger (1), de Fréret (2), de Guillaume de

(1) M. Graslin aurait dû nous dire si c'était avec le père ou le fils Scaliger qu'il n'était pas d'accord, et qu'elle était celle de leurs œuvres qu'il entendait combattre.

(2) Fréret, *Œuvres complètes*.

Humbold (1), de Michelet (2), de Brotonne (3), de Bory-Saint-Vincent (4), d'Adrien Balby (5) et de Petit-Radel (6), sur l'origine ou la désignation des prétendus peuples ibériens et sur l'existence d'une ancienne langue ibérienne, ne reposent que sur des bases chimériques (7).

A ces noms, qui certes ne sont pas sans valeur, au point de vue ethnographique, il faudra joindre aussi ceux de bien d'autres modernes des plus compétants, en fait d'histoire, qui ont accepté l'opinion de ces derniers, au sujet des diverses questions qui vont nous occuper. Ainsi Amédée Thierry (8), Henri Martin (9), Fauriel (10), Moke (11), Boudard (12), et les divers écrivains de

(1) Guillaume de Humbold, *Recherches sur les habitants du pays de la langue Basque.*

(2) Michelet, *Histoire de France.*

(3) de Brotonne. *Histoire de la filiation et de la migration des peuples.*

(4) Bory-Saint-Vincent, *Résumé géographique.*

(5) Balby, *Atlas ethnographique.*

(6) Petit-Radel : *Synchronisme, Nurages de Sardaigne.*

(7) Graslin, *Ibérie*, introduction, pages 4 et 5.

(8) Amédée Thierry, *Histoire des Gaulois.*

(9) Henri Martin, *Histoire de France.*

(10) Fauriel, *Histoire de la Gaule méridionale.*

(11) Moke, *Histoire des Francs.*

(12) Boudard, *Essai sur la numismatique ibérienne.*

l'*Encyclopédie nouvelle* (1) ont vu dans la Péninsule hispanique à l'origine des temps des *Ibères* qu'ils n'ont jamais confondus avec les *Celtes*. Ces *Ibères*, ils nous les montreront, quatre ou cinq siècles avant que la famille, d'où sont sortis les *Celtes*, eut paru à l'occident de l'Europe, occupant la Péninsule sous le nom d'*Ibères*, les Pyrénées sous le nom d'*Euskes* et la contrée entre la Garonne et la Loire, sous la dénomination d'*Armoricains*, peuples appartenant à la famille ibérienne.

A entendre l'auteur de l'*Ibérie*, il n'y avait à l'origine des temps dans ces trois dernières zones que des *Celtes*. Dans le chapitre suivant, il sera démontré que la famille à laquelle les *Celtes* appartenaient n'a paru là que longtemps après que les *Ibères* y étaient établis. Mais, avant d'aller plus loin, il est à propos de s'expliquer sur l'abus que bien des modernes ont fait de ce terme *Celtes* en voulant l'appliquer à la généralité des tribus gaëliques. Laissons d'abord parler les auteurs anciens. César divise la Gaule en trois parties, la *Belgique*, l'*Aquitaine* et la *Celtique*, et il ajoute : les Grecs ont nommé *Celtes* tous les Gaulois (2). Strabon nous explique

(1) Auteurs divers de l'*Encyclopédie nouvelle :* Jean Reynaud et Pierre Leroux.

(2) J. César, *Commentaires : de Bello Gallico*, page 1.

cette confusion de la part des Grecs, confusion qui a fait prendre le change à bien des modernes : « Les Grecs, dit Strabon, ont étendu le nom de *Celtes* à l'ensemble des populations gauloises, soit que ce nom leur eut paru plus illustre que les autres, soit que le peuple qui le portait fut plus rapproché de Marseille (ville fréquentée par les Grecs (1) ». Au même sujet, voici ce qu'a écrit Amédée Thierry : « Le mot *Celte* ne désigne exactement qu'une des confédérations dépendantes de la race des Gaëls et par conséquent ne doit point être employé comme dénomination générique (2) ». Il est ailleurs encore plus logique et plus explicite lorsqu'il a voulu prouver que l'on a abusé du mot *Celte* pour l'appliquer à toute la famille gaëlique (3).

L'auteur de l'*Ibérie* ne perd pas son temps à nous dire d'ou étaient venus ces *Celtes*, ni à quelle famille humaine ils appartenaient ; il les voit de temps immémorial en Espagne qui, selon lui, doit, dès le principe, porter non la dénomination d'*Ibérie*, mais d'*Hispania*. « On doit

(1) Strabon, traduction de Tardieu, tome I, livre IV, page 312.

(2) Amédée Thierry, *Histoire des Gaulois*, tome I, introduction, pages 8 et 11.

(3) Amédée Thierry, *Histoire des Gaulois*, tome I, introduction, page 42.

conclure, dit-il, de ce que le druidisme n'a jamais pénétré dans l'*Hispania* que les Celtes devaient y être établis longtemps avant qu'ils eussent reçu dans les Gaules la très ancienne institution des Druides (1)....., ce qui fait remonter nécessairement jusqu'aux temps les plus reculés et les plus obscurs les premiers établissements des Celtes dans la Péninsule hispanique (2).....Je n'ai pu voir dans les *Celtibériens*, que des peuplades celtiques, ce qui les exclut nécessairement de toute famille ibérienne (3) ».

S'il s'était borné à dire que des *Celtes*, environ quinze ou quatorze siècles avant notre ère, étaient venus en Espagne et y avaient fait des conquêtes, il serait d'accord avec la plupart de nos historiens; mais lorsqu'il prétend que les *Ligures*, tribu ibérienne, que les Celtes repoussèrent de la Bétique, où ils étaient dès longtemps fixés, n'étaient eux-mêmes que des *Celtes*; lorsqu'il ne voit dans les *Ibères* du centre de la Péninsule que des *Celtes* d'une autre époque, et que ces Celtes de date antérieure portaient le nom d'*Ibères* parce qu'ils habitaient les bords de l'Èbre, cette lutte de *Celtes* contre *Celtes*, ce

(1) Graslin, *Ibérie*, page 123.
(2) idem. page 199.
(3) idem. page 209.

recours à une étymologie dont, dans un des chapitres suivants , l'inanité et la mensongère application seront démontrées , autoriseraient presque les contradicteurs de cet antagoniste des *Ibéres* à lui renvoyer les expressions peu littéraires dont il s'est servi contre ceux qui sont en opposition avec son système historique (1).

Après nous avoir affirmé qu'en Espagne il n'y avait primitivement que des *Celtes* et que la *Celtibérie* se composait de deux éléments purement *Celtiques*, à l'exclusion de toute famille ibérienne, c'est contre le nom d'*Ibérie* donné à la Péninsule qu'il va diriger ses batteries.

« Le premier nom donné à la Péninsule a été de création phénicienne ; et treize cents ans avant notre ère, les Phéniciens, les premiers explorateurs de cette contrée, lui donnèrent le nom d'*Hispania* , que ces mêmes Phéniciens transmirent aux navigateurs romains six siècles avant Jésus-Christ, alors que les Grecs n'avaient pas encore fréquenté les cotes de l'Espagne ». Ce sont là des faits que notre contradicteur donne comme vérités historiques et incontestablement

---

(1) Voici ce que M. Graslin à imprimé à la page 27 : « *Presque tout ce qui a été écrit sur les plus hautes antiquités de l'Espagne n'est qu'un tissu d'erreurs systématiques ou d'inventions purement fabuleuses.* »

acceptés (1), alors que, les preuves matérielles en main, il n'en est pas un qui ne soit controuvé.

1° Les Phéniciens n'ont pas été les premiers à connaître l'Espagne , puisque nous verrons Saluste y placer d'abord des *Perses* et des *Gétules* et *postea* (ce sont ses expressions) des Phéniciens (2). Maspero, l'auteur de l'histoire de l'ancien Orient, fait attaquer des *Ibères* déjà établis dans cette contrée par des Phéniciens qui n'y arrivent qu'après eux (3). Puis Trogue-Pompée, Varron, Pline et Justin placent en Espagne, par ordre, *Ibères*, *Perses* et plus tard *Phéniciens* (4). Les chapitres qui vont suivre s'appuieront des textes de ces divers auteurs ; mais on peut déjà entrevoir que des *Ibères* existaient en Espagne avant la venue des Phéniciens, et qu'il y a une certaine témérité à prétendre que ces derniers aient connu l'Espagne avant tous autres et lui ont imposé le nom d'*Hispania*, alors que, suivant Maspéro, cette contrée, même dès les temps nébuleux du *Melkart* ou Hercule Tyrien, se nom-

(1) Graslin, *Ibérie*, pages 3, 32, 78, 209.

(2) Saluste, *Guerre contre Jugurta*, page 51.

(3) Maspero, *Histoire de l'ancien Orient*, page 234.

(4) Pline rappelant ce que Trogue-Pompée et Varron avaient écrit, et disant : *Iberi Hispaniæ populi ab Iberis Asiæ orti*. Édition, Lyon, 1563, page 34, et à la table au mot *Iberi*.

mait l'*Ibérie*, et que quatre auteurs latins y placent avant tous autres des *Ibères*.

2° Peut-on accepter que les Phéniciens aient transmis le nom *d'Hispania* aux navigateurs romains *six cents ans* avant notre ère, alors que Rome n'avait pas encore en mer un navire et s'arrachait à peine à son berceau ?

3° Peut-on s'arrêter un moment à cette précision que les marins romains ont connu l'Espagne avant les navigateurs grecs, alors que ces derniers, après la guerre de Troie, avaient même des établissements dans l'*Ibérie* ?

En appuyant son système historique sur des faits aussi visiblement erronés et les étayant de divagations étymologiques les plus étranges, l'auteur n'a pu en imposer qu'à des lecteurs qui n'ont ni l'envie, ni les moyens de contrôler ce que des novateurs publient. Ayant moi-même livré à l'impression des études historiques en contradiction manifeste avec ce qu'a écrit l'auteur de l'*Ibérie*, et cherchant avant tout à démêler la vérité, on ne saurait me faire un crime de signaler et de combattre les erreurs que je remarque dans les œuvres qui viennent à l'encontre de mes propres appréciations. Ainsi ma présente étude, en opposition avec le livre de M. Graslin, a pour but de prouver :

1° Que des *Ibères* venus du sud du Caucase étaient fixés en Espagne, sur l'isthme pyrénéen et dans la zone entre la Loire et la Garonne, avant que les *Gaëls*, dont les *Celtes* faisaient partie, eussent mis le pied dans l'Occident de l'Europe ;

2° Que si, à l'origine des temps, l'Espagne prit le nom d'*Ibérie*, c'est que ses premiers habitants se nommaient les *Ibères*, que Pline nous dira venus de l'Asie et qui ne prirent pas leur nom du fleuve l'*Èbre* ; qu'il en fut en Espagne nommée l'*Ibérie* du nom de ses premiers habitants, comme il en fut de la *Gaule*, dont les *Gaëls* déterminèrent le nom, après s'y être à leur tour établis ;

3° Que si des *Ibères* partirent du sud du Caucase, comme les *Gaëls* s'expatrièrent du nord de cette chaîne, cette double émigration est expliquée par des faits historiques consignés dans les livres nous donnant l'histoire des peuples anciens de l'occident de l'Asie ;

4° Que si les *Ibères*, venus du sud du Caucase avec d'autres groupes asiatiques, donnèrent leur nom à l'Espagne, c'est que ces tribus *Ligures, Sicanes, Eleusikes, Bebrikes* et *Euskes*, regardées par tous les écrivains de l'antiquité comme ibériennes, nous dénotent que de tous les émigrants asiatiques, ces *Ibères* étaient les plus puissants, bien qu'ils fussent mêlés et confondus

avec des *Perses* et des *Gétules*, ces derniers
n'étant autres que les aïeux des Berbères, Kabiles
de l'époque moderne ;

5° Que les *Ibères* dont M. Graslin ne fait que
des *Celtes* différaient de ceux-ci par le sang, la
constitution physique, la couleur, les mœurs et
l'idiome ;

6° Que les *Euskes*, tribu ibérienne, occupant
d'abord tout l'isthme pyrénéen, furent repoussés
par les *Ligures* vers la source de l'Aude, désormais leur limite orientale jusqu'au temps de
César ;

7° Que des monuments anthropologiques et
linguistiques prouvent encore de nos jours l'ancienne parenté entre les *Berbères* et les *Euskes* de
notre époque, autrement dit, nos *Basques* modernes.

C'est à fournir des preuves manifestes de ces
faits, détruisant la thèse soutenue par l'auteur de
l'*Ibérie*, que les chapitres suivants vont être
consacrés.

CHAPITRE II

On est généralement d'accord sur ce point que les anciens habitants de l'occident de l'Europe venus de l'Asie formaient la
race *Indo-Européenne*; les uns ne voient entre eux aucune
différence, les autres les divisent en *Indo-Germains* et
Semites. Motifs à l'appui de cette dernière division seule
acceptable. — Migrations de la race *Sémitique* vers le nord
de l'Afrique et le sud de la Péninsule ibérique. — Migration
de la famille *Indo-Germanique* vers le nord du continent
européen.

Les historiens modernes et les nombreux
commentateurs des anciens documents écrits
s'accordent sur ce fait remarquable qu'à l'origine des temps historiques (environ vingt-deux
siècles avant l'ère chrétienne) une grande com-
motion, dont les causes ont été diversement
jugées, s'opéra dans la partie occidentale de
l'Asie, soit d'abord au sud, soit plus tard au
nord du Caucase et de la mer Caspienne, et força
les populations de ces contrées à quitter leur
patrie et à chercher un asile au loin sur divers
points, soit de l'Afrique, soit du continent européen.

Entre les historiens modernes, les uns n'atta-
chant qu'une importance bien secondaire à des

différences observées chez les émigrants de l'Asie tant dans la couleur de leur teint, que dans leurs mœurs et dans leur idiome, ne voient dans ces groupes divers qu'une seule grande famille à laquelle ils ont donné le nom générique de race *Indo-Européenne*. Ils confondent ainsi les peuplades sorties ou du sud ou du nord du Caucase. D'autres, et je suis, comme on va en juger, amené à partager leur sentiment, divisent cette grande famille, en effet, *Indo-Européenne* en deux segments : les émigrants du nord du Caucase, les *Indo-Aryens* ou *Indo-Germains*, et ceux émigrés du sud de cette chaîne, les *Sémites* ; ces derniers différant des autres par la couleur plus bronzée, par la constitution physique, par les mœurs et par l'idiome.

J'aurai plus loin à signaler la cause de l'émigration de tous les peuples faisant partie de ces deux familles et venant chercher un asile en Europe. Pour l'instant, n'ayant à me préoccuper que des groupes du sud du Caucase, entre lesquels se trouveront les *Ibères*, je dois jeter un coup d'œil sur la géographie de cette zone, à l'origine des temps, avant que les migrations l'eussent modifiée.

Vers le golfe persique et l'ancienne mer *Erythrée* étaient signalés les *Phéniciens*. (Le peuple canard, est-il dit ; cette dénomination tirant assez naturellement son étymologie de l'instinct et des mœurs nautiques de ce groupe.)

En remontant les cours du Tigre et de l'Euphrate on trouvait les *Assyriens*, les *Chaldeens*, les *Perses* et les *Mèdes*, peuples, paraît-il, d'une civilisation, quant aux œuvres d'architecture, presque aussi avancée que celle de l'Egypte, si l'on en juge du moins par les ruines monumentales découvertes de nos jours dans cette partie de l'Asie.

Au nord et nord-ouest de ces peuples figuraient accoudés au versant méridional du Caucase les *Albaniens*, les *Arméniens* et les *Ibères*. Nous verrons plus loin Strabon consacrer tout un chapitre à la géographie de ces derniers (1).

Plus au sud des *Ibères* était la famille encore embrionnaire des *Hébreux*, et touchant à eux, dans une des vallées ou sur l'un des plateaux du Taurus, l'essaim *Finnois*.

A une date que les uns rattachent au vingt-deuxième siècle avant notre ère (2), que d'autres ne font remonter qu'au vingtième (3) une pression qui, comme je l'ai dit, sera expliquée plus loin, jeta ces divers peuples asiatiques

---

(1) Strabon, traduction par Am. Tardieu, tome II, page 403.

(2) A de Humbold, *Cosmos*, tome II, pages 165, 354, 528.

(3) Piètrement. *Les chevaux dans les temps préhistoriques*, page 417.

vers le nord de l'Afrique et dans la grande Péninsule européenne. Les *Perses*, les *Mèdes* et les *Arméniens* sont signalés par Saluste se mêlant dans les vallées de l'Atlas aux Gétules (1). Les *Ibères*, d'après l'historien de l'ancien Orient, apparaissent non loin des colonnes d'Hercule (2); et Trogue-Pompée, Varron, Justin et Pline nous les y montrent mêlés aux *Perses* déjà confondus avec les *Gétules* avant l'arrivée des Phéniciens (3).

Il n'en fut pas de même des *Finnois* ; ceuxci partis des plateaux du Taurus s'étaient dirigés vers le nord, avaient traversé la chaîne du Caucase et les grands déserts septentrionaux pour s'arrêter au nord des Karpates (4), où ils portèrent le germe de l'idiome sémitique , comme les autres groupes avaient introduit le même idiome, sous des dialectes divers, au nord de l'Afrique et au sud de la Péninsule désormais ibérique.

Ce ne fut qu'après ces migrations des peuplades du sud du Caucase que les *Gaëls*, famille

(1) Saluste, *Guerre contre Jugurta*, chapitre 51.

(2) Maspéro, *Histoire ancienne des peuples de l'Orient*, page 234.

(3) Pline, édition 1563, page 34, et à la table, Justin, livre 41, I.

(4) Moke, *Histoire des Francs*, pages 253, 255.

aryenne du nord du Caucase, de l'Oxus et de la mer Caspienne se mirent en mouvement vers l'Europe. Deux faits, à ne pas perdre de vue, prouvent incontestablement que leur marche vers l'Europe fut postérieure à l'émigration des Sémites.

Ces *Gaëls* au teint blanc, à la chevelure blonde, aux yeux irrisés, suivirent dans le Nord la même route qu'avaient suivi les *Finnois*. Mais ceux-ci s'étant arrêtés dans les plaines où est aujourd'hui la Pologne et s'y étant fixés, les *Gaëls* trouvèrent là un premier point d'arrêt : il fallut combattre ces *Sémites* ; et, en effet, après une assez longue lutte, les *Finnois* vaincus furent coupés en deux tronçons, dont l'un gagna les bords de la mer du Nord, dont l'autre chercha un refuge dans les Karpates et dans la contrée de nos jours nommée la Hongrie (1).

Deux déductions logiques naissent de cet exposé : en premier lieu on ne peut s'empêcher de reconnaître que la migration sémitique avait précédé l'aryenne ; de l'autre qu'il y avait antagonisme et non fraternité entre *Sémites* et *Aryens* ; et que lorsqu'on a prétendu que *Gaëls*, *Finnois*, *Ibères* et autres étaient tous *Aryens*, confondus dans la race indo-européenne et sor-

_____

(1) Moke, *Histoire des Francs*, pages 253, 255.

tis de la même souche, on s'est notablement trompé.

Je tirerai une nouvelle preuve de l'émigration postérieure des *Gaëls*, d'un fait qui ne saurait être contredit.

Lorsqu'ils arrivèrent sur la rive droite de la Loire, ils trouvèrent le pays déjà occupé par une toute autre famille que l'aryenne et qui y était déjà établie sous le nom d'*Armoricains*. Il sera prouvé plus loin que ces Armoricains au teint bronzé tenaient de près aux *Ibères*. Ces Armoricains avaient dû être fixés là depuis assez long-temps, puisqu'ils y avaient fondé des villes et des villages dont le nom ibérien, d'après Guillaume de Humbold (1), porte encore, après quarante siècles, le cachet de la langue qui était parlée sur les Pyrénées et dans l'*Ibérie*.

Ce simple et je crois assez clair exposé a besoin d'être appuyé de preuves qui seront four-nies à l'appui dans le cours de cette ébauche historique. Toutefois, comme d'une part quel-ques écrivains ont avancé que c'est une grave erreur de ne peupler l'occident de l'Europe que de groupes asiatiques, niant même les grandes

(1) *Recherches sur les habitants primitifs de l'Espa-gne.*

migrations de ces masses orientales poussées
vers l'Europe, et il en est qui ne sont pas éloignés de croire à l'autochtonisme, mon troisième
chapitre va être consacré à une explication à cet
égard.

CHAPITRE III

Habitants préhistoriques de l'Europe avant leur contact avec les *Ibères* et les *Gaëls* ou *Aryens*. — Ces premiers habitants de l'Europe ne formaient point une ou plusieurs nations. Leur isolement les mit à la merci des immigrants. Ils n'étaient pas autochtones. — Différences générales signalées entre les *Gaëls* ou *Celtes* et les *Ibères* : preuves à l'appui. — Les Ibères étaient originaires de l'Asie et étaient venus en Europe en passant par l'Afrique.

Croire qu'en arrivant en Europe les peuplades asiatiques la trouvèrent sans habitants serait une grave erreur. Deux sciences modernes se prêtant un mutuel secours, la paléontologie et l'anthropologie ne laissent à cet égard aucun doute. Les détritus humains mêlés à ceux des fauves de diverses espèces et à des produits d'une industrie essentiellement rudimentaire témoignent de la présence de l'homme sur notre continent, avant que des populations à certains égards plus compactes, plus civilisées y eussent mis le pied. Mais de la facilité que ces dernières eurent à s'établir en Europe, on peut induire que les hommes qu'elles y trouvèrent n'y formaient pas des corps de nations et y vivaient isolés par groupes peu nombreux, n'ayant pour abri que des grottes ou des habitations souterraines leur servant de refuge contre les fauves. Certes, si un lien national eut uni ces premiers habitants, ils eussent repoussé ces hordes étrangères qui les anéantirent complètement, ou se les attachèrent, soit par force, soit par leur supériorité intellectuelle.

Sous ce rapport peut-être est-on amené à croire que les premiers habitants du nord de l'Afrique, ou Hyemsal, d'après Saluste, a signalé des Gétules, aïeux de nos Berbères, luttant contre les Perses, les Mèdes et les Arméniens, émigrés de l'Asie, étaient plus près d'une civilisation relative que les hommes préhistoriques de la Péninsule ibérique et du territoire de la Gaule. Dans ces deux dernières contrées, en effet, pas un ancien groupe antérieur n'est remarqué, soit chez l'*Ibère* de la Péninsule, soit chez l'*Ibère euske* des Pyrénées, soit chez l'*Ibère armoricain* d'entre la Garonne et la Loire, soit enfin sur la terre envahie par le *Gaël* vers le nord ; et la conquête du pays par les nouveaux venus dut être facile.

Il en est qui veulent voir dans ces peuples antéhistoriques des êtres humains autochtones. Le consciencieux et savant auteur de l'histoire des Francs, Moke, s'explique à ce sujet : « Ce système, dit-il, adopté par la plupart des peuples de l'antiquité ne peut pas résister un seul instant à un examen sérieux, contraire à tous les souvenirs que nous ont conservé les plus vieilles croyances ; il ne peut se concilier avec la fraternité des langues et choque d'ailleurs la raison, qui se refuse à l'hypothèse d'une création aussi multiple de l'espèce humaine. Si les premiers historiens ont admis l'autochtonisme, c'est qu'ils se bornaient à recueillir tous les matériaux bons ou mauvais qui se trouvaient à leur portée, se reconnaissant dans l'impossibilité de recueillir les faits et de les soumettre à l'analyse (1). »

D'où étaient sorties ces familles préhistoriques ? On pourra, à ce sujet, se livrer à des hypothèses, à des conjectures, ce sera toujours un mystère.

D'autres commentateurs des livres anciens, sans s'arrêter à cette secondaire question de l'autochtonisme, qui, à leurs yeux, comme aux miens, doit être mise de côté, admettent dans l'occident de l'Europe une grande famille de la même souche, lui refusant même son titre d'asiatique ou ne tenant guère compte des migrations et ne s'offrant à eux que sous le nom

(1) Moke, *Histoire des Francs*, tome I, page 28.

générique de *Celtes*. Aussi se refusent-ils à reconnaître en Europe deux types distincts : le *Celte* et l'*Ibère*.

Je vais laisser, soit les auteurs anciens, soit nos maîtres en histoire, démolir pièce à pièce l'échafaudage de cette singulière théorie.

César nous dit : « La Gaule est divisée en trois parties, l'une habitée par les *Belges*, l'autre par les *Aquitains*, la troisième par ceux qui dans leur langue se nomment *Celtes*, et que dans la nôtre nous appelons *Gaulois*. Tous ces peuples diffèrent entre eux de langage, de mœurs et de lois (1).

Ces trois peuples n'étaient donc pas tous *Celtes* ; et ceux qui n'ont vu non seulement en Gaule, mais encore en Espagne, que des *Celtes* sont en contradiction avec César. Ils seront aussi en contradiction avec Strabon qui a écrit : « Pour m'exprimer en peu de mots, je dirai que les *Ouisci* ou *Acouitanoy* (les Euskes) diffèrent des autres Gaulois tant sous le rapport de la constitution physique que du langage, et qu'ils tiennent plus des *Ibères* que des *Gaulois* (2). »

Au tour de nos historiens modernes de s'expliquer tant à propos des différences signalées

---

(1) César, *Commentaires*, 1re page.

(2) Strabon, édition Didot-Muler, tome I, Livre 4, chapitre II, page 157.

entre les divers membres de ces groupes, dont ceux que je critique ne veulent former qu'une seule et même famille (la Celtique), qu'à propos du berceau dont chacun de ces groupes est sorti.

Moke a écrit : « Il est évident que des tribus qui n'avaient rien de commun avec le *Celte* (Aryen) occupèrent aussi une partie de la Gaule, et ce fut sans doute avant l'arrivée de l'homme blond dans ces parages (1)....; or, le sang de l'ibère dominait dans la moitié du pays (2)...; que l'*Ibère*, comme le reste des nations blanches, fut un essaim sorti de l'Asie occidentale, c'est ce qui ne peut former l'objet d'un doute ; mais la carrière suivie par cet essaim n'offre que des vestiges obscurs et qui semblent souvent contradictoires. Toutefois, il est resté à l'ouest de la France et de l'Angleterre deux débris de vieilles populations, l'Irlandais et le Basque, tous deux d'origine longtemps contestée, mais que chaque jour rattache plus fortement à la famille ibérique (3). »

C'est par l'Afrique que, suivant le même auteur, les Ibères étaient entrés en Espagne, et il

(1) Moke, *Histoire des Francs*, tome I, page 314.
(2) Moke, *Histoire des Francs*, tome I, page 116. (Note.)
(3) Moke, *Histoire des Francs*, tome I, page 340.

se trouve à cet égard d'accord avec bien d'autres écrivains. « Si les peuples qui se sont répandus vers le sud-ouest de l'ancien monde ne se sont déplacés que par secousses successives et sous l'effort l'un de l'autre, comme ceux du nord (et nous avons quelque droit de le supposer, les mêmes phènomènes devant se rapporter aux mêmes causes), alors le moment où des tribus arabes entrèrent en Afrique doit répondre à l'époque où nous avons vu les nations sémitiques pressées et refoulées par des races venues de l'Orient, c'est-à-dire au siècle d'Abraham et de Chodorlahomor, et il semble que l'on puisse également attribuer le passage des *Ibères* en Europe à l'arrivée de cette nouvelle population dans les contrées barbaresques..., ce serait donc 4,000 ans avant notre ère (1). »

Amédée Thierry nous a dit aussi : « La Gaule n'était pas possédée en entier par la race qui lui avait donné son nom (les *Galls* ou *Gaëls*). Un petit peuple d'origine, de langue, de mœurs toutes différentes, le peuple aquitain, (qui d'après lui, nous l'avons vu, devait se nommer *Vasquilain*) habitait à l'extrémité sud-ouest de l'angle compris entre les Pyrénées et l'Océan et fermé

(1) Moke, *Histoire des Francs*, tome I, page 350.

au sud par le cours demi-circulaire de la Garonne. C'était une confédération de tribus ibériennes espagnoles qui avait passé les Pyrénées à des époques inconnues. Maîtresses d'un sol facile à défendre, elles s'y montraient indépentes de la domination gallique (1). »

Guillaume de Humbold confirme ce fait d'étrangeté entre l'*Ibère* et le *Gaël* non seulement quant à l'*Euske*, mais même quant à l'*Armoricain* (situé avant l'invasion gaélique entre la Loire et la Garonne, zone qui devint après cette invasion la province celtique) (2).

Michelet, de son côté, nous dit : « La race des *Ibères* paraît de bonne heure dans le midi de la Gaule, à côté des Galls et même avant eux. Des tribus ibériennes asiatiques émigrèrent malgré elles poussées par des peuples puissants (3). »

Il ajoute ailleurs : « Le rapprochement d'anciens termes de lieux de la Péninsule ibérienne avec la langue basque montre que cette langue était celle des peuples ibères, et que peuples ibères et peuples parlant le basque sont des expressions synonymes... Ces *Ibères* ne dérivent

---

(1) Amédée Thierry, *Histoire des Gaulois*, tome 1, chapitre Iᵉʳ, page 6.

(2) G. de Humbold, *Recherches sur les habitants primitifs de l'Espagne*, introduction, page 8.

(3) Michelet, *Histoire de France*, tome I.

pas des *Celtes* que nous connaissons dans la Gaule, mais pourtant ils pourraient être une branche sœur d'une tige orientale plus ancienne (1). »

Bory-Saint-Vincent soutient, à propos des *Ibères*, une autre thèse : « Les *Ibères*, dit-il, qu'on prend pour des peuples aborigènes de l'Ibérie (d'Espagne) sont originaires de l'Afrique (2). » S'ils n'étaient pas originaires de l'Afrique, on verra plus loin que ce fut de là qu'ils se jetèrent sur la Péninsule où les quatre auteurs latins déjà cités les ont signalés à l'origine des temps.

A la suite de nos grands historiens, il en est un moins connu, mais non moins méritant, qui, tout modeste qu'il est, a rendu de nombreux et signalés services, en consacrant soixante ans d'une vie laborieuse à l'instruction élémentaire. Voici ce qu'il a écrit sur ce même sujet : « Les *Ibères*, dit Paulin Clausolles, dans son *Précis de l'Histoire de France*, peuple différent des Gaëls par le caractère, le langage et le type, avait pénétré dans ce même pays, par les gorges des Pyrénées. Ils étaient de race sémitique et

(1) Michelet, *Histoire de France*, tome I.

(2) Bory-Saint-Vincent, *Résumé géographique*, sect. II, chapitre Iᵉʳ, page 129.

avaient abordé sans doute dans la Péninsule, en longeant le nord de l'Afrique. La tribu qui s'en détacha, pour occuper la Gaule, s'établit sur le versant des Pyrénées, dans le pays qui s'étend entre l'Océan et la Garonne, et qui plus tard prit le nom d'Aquitaine (1).

Après ces nombreux témoignages et d'autres que j'invoquerai, au sujet de nos *Ibères*, je rappellerai, comme preuve de leur origine asiatique, ce que dit Pline qui, avec d'autres, les place à une vieille époque à la tête de ceux venus en Espagne. Les termes dont il s'est servi : *Iberi populi Hispaniæ, ab iberis Asiæ orti* (2) sont trop clairs pour étendre ma démonstration.

(1) P. Clauzolles, *Précis de l'Histoire de France*, page 2
(2) Pline, édition Lyon 1563. Table au mot *Iberi*.

CHAPITRE IV

Différence entre les Gaëls et les Ibères dans le physique. —
Preuves de cette différence tirées des livres grecs et latins,
acceptées par nos auteurs modernes les plus en crédit.

Il n'y a qu'à jeter les yeux sur le portrait que
les anciens auteurs nous ont laissé des *Euskes*
et des autres essaims couvrant le sol de l'*Ibérie*,
la partie méridionale de l'Italie et le nord de
l'Irlande, pour juger qu'ils différaient au physique des immigrants venus de l'Arye. Les deux
races ont eu beau se mêler sur divers points,
elles n'en ont pas moins conservé le cachet
primitif de leur différence physique. A cet égard,
ceux de nos écrivains modernes, auxquels j'ai
fait des emprunts, nous ayant eux-mêmes in-
diqué les sources où ils avaient puisé, je ne vois
pas trop la nécessité de faire étalage d'érudition,
en surchargeant ici mon texte de passages grecs
ou latins, qui ont servi de boussole à ceux que
j'ai pris et que je prendrai pour éclaireurs. Ce
qui ne veut pas dire pourtant que je me con-
damnerai à les suivre aveuglément, alors que je
serai convaincu qu'ils sont restés à côté de la

vérité historique dans quelques parties de leurs écrits.

La différence dans la constitution physique du *Gaël* et de l'*Ibère* est d'abord constatée par Amédée Thierry en termes généraux s'appliquant non seulement au physique, mais encore à leurs mœurs et à leur langage : « L'Aquitain, dit-il, avait conservé, presque sans altération, le type originel de sa race : à ses traits, à sa taille, à son langage, à ses mœurs, on le reconnaissait aussitôt pour un enfant de l'*Ibérie*. » (1) Il nous a dit ailleurs dans son introduction : « L'ancienne géographie impliquait évidemment au nord des Pyrénées la présence d'une population de sang ibérien assez considérable pour constituer une appendice de l'*Ibérie* » (2). Et il ajoute : « Tout ceci confirme, ce me semble, l'assertion de César confirmée par Strabon (de la différence existant entre l'*Ibère* et le *Gaël*), et nous permet de poser ici, comme premier fait démontré, que les Aquitains formaient une branche des *Ibères* transplantée de temps immémorial sur la terre des Gaëls (3).

---

(1) Amédée Thierry, *Histoire des Gaulois*, tome I, page 2.

(2) Amédée Thierry, *Histoire des Gaulois*, introduction, tome I, page XXVI.

(3) Amédée Thierry, *Histoire des Gaulois*, introduction, tome I, page XXIX.

Henri Martin, à son tour, nous apprend « que les deux types différaient par la figure autant que par le caractère moral : les Gaulois blancs et blonds, colorés de visage, portant haut la tête, dégagés de poitrine et respirant largement ; ardents, mobiles, expansifs, n'aimant que les combats à force ouverte et les chocs des masse. Les *Euskes* (au contraire), bruns, secs, opiniâtres et rusés, sobres et durs à la fatigue et au travail, se plaisant à la petite guerre, aux surprises, aux embuscades (1) ».

Amédée Thierry et H. Martin ont été les interprètes de César et de Strabon (2). Moke à son tour va devenir celui de Tacite : « L'*Ibère*, dit-il, se distinguait du *Gaël* par une physionomie et une constitution spéciales, un teint basané, des cheveux crépus, une petite taille, mais de larges épaules et des jarrets de fer (3).

Avec Champolion, passant en revue les divers types humains, dont les tombeaux et les autres monuments de l'Egypte nous ont dévoilé les mystérieux caractères, le savant assigne aux anciens habitants du sud du Caucase, voisins du

(1) Henri Martin, *Histoire de France*, tome I, page 4.

(2) Strabon, édition Didot-Muler, tome I, pages 146, 147. César, *Commentaires*, 1re page.

(3) Tacite, *Vie d'Agricola*, chapitre X.

Taurus (et nous verrons que de ce même point sont sortis nos *Ibères*, de même que les Berbères d'Afrique), le même type qu'aux *Ibères*, peau tirant sur le jaune, teint basané, nez aquilin, barbe noire (1).

Résumant les motifs qui le déterminent à trouver une différence bien tranchée entre le *Gaël* et l'*Ibère*, Moke dit encore : « Il n'est pas possible de soupçonner à cet égard un effet fortuit du climat et des circonstances locales. Ce sont bien deux masses distinctes, depuis les premiers temps, qui sont venues se toucher là et s'y rattacher l'une à l'autre (2). »

Comme nous aurons tout à l'heure intérêt à savoir jusqu'où, dans le passé et avant l'arrivée des Gaëls à l'ouest de l'Europe, les Ibères s'étaient avancés au nord de la Garonne, laissons encore à l'historien des Francs le soin de nous l'apprendre, et nous verrons qu'il se trouvera d'accord avec ce qu'a écrit Guillaume de Humbold au point de vue philologique : « L'absence, écrit-il, de la population brune dans le nord de la Gaule (c'est-à-dire au nord de la Loire) exclut l'idée d'une lutte engagée là par les

---

(1) Moke, *Histoire des Francs*, tome I, pages 165, 182. — Champolion, jeune, *Lettres*, XIII.

(2) Moke, *Histoire des Francs*, tome I, page 317.

premiers venus des hommes du nord (les *Gaëls*). Ils trouverent probablement cette partie de la contrée (au nord de la Loire) déserte, les Ibères s'étant arrêtés en deça. Les *Gaëls* la trouvant libre, s'y établirent sans obstacle. Ce ne fut qu'en deçà, là où les deux races paraissent s'être mélangées qu'il put y avoir d'abord résistance ; et soit qu'elle eut été courte ou durable, faible ou acharnée, elle n'eut pas pour suite immédiate de rendre les deux races hostiles l'une à l'autre. (1). »

A ce sujet, les faits qui suivirent cette rencontre des *Gaëls* et des *Ibères* entre la Loire et la Garonne, place occupée par ces derniers, sous le nom d'*Armoricains*, semblent devoir nous prouver que, tandis que sur ce point les deux éléments, jusque-là bien distincts, se mélangèrent et se trouvèrent désormais confondus sous le nom générique de *Celtes*, les *Euskes* retranchés dans les Pyrénées y conservèrent leur individualité, leur indépendance et leur cachet purement ibérien, puisque quinze siècles plus tard, au dire de Strabon, ils tenaient plus, dans leur type et leur idiome, de l'*Ibère* que du *Celte*.

Une expression employée par notre si sympathique Henri Martin, au sujet dès deux races et

(1) Moke, *Histoire des Francs*, tome I, page 317.

de leur mélange dans la partie de la Gaule nommée désormais la *Celtique* (qui n'était pas tant s'en faut toute la Gaule, comme bien des modernes l'ont avancé et le soutiennent, et qui était renfermée entre la Loire, les Cevennes et la Garonne), a fait croire à certains que cet historien s'étant servi du terme *fraternité* avait voulu dire que *Gaëls* et *Ibères* sortaient du même berceau. Mais, s'il s'est servi de cette expression, il n'y a qu'à lire le passage de son histoire, déjà cité plus haut, pour juger qu'on lui prête une opinion qui le mettrait en contradiction avec lui-même. En effet, si d'un côté il a écrit *que les deux types différaient par la figure autant que par le caractère moral et par l'idiome*, accompagnant son dire du portrait si différent des deux races, il nous paraît bien loin de vouloir les faire sortir de la même souche. La fraternité de tous les hommes, en général, est sans doute une vérité qui s'étend à tous les groupes blonds, bruns, rouges ou noirs ; mais chacun de ces groupes n'en a pas moins son origine propre. Il n'y aurait pas plus de motif pour confondre l'*Aryen* avec l'*Ibère* bronzé qu'avec l'homme rouge ou qu'avec le nègre. L'historien du genre humain, Virey, a voulu déterminer cette caractéristique différence lorsqu'il a écrit : « Ceux des Parsis, dont les ancêtres se sont réfugiés dans l'Inde, y restent encore blancs au milieu des populations brunes (1) .... ; au contraire les Slavons sont demeurés bruns dans le nord de l'Europe, comme les Lapons et les Groënlandais » (2).

Puisque entre les *Aryens* et les *Ibères* des différences, dans la constitution physique, ont été sous les Romains signalées, qu'elles l'avaient été précédemment, ce que nos plus grands historiens modernes ont reconnu et que de nos jours encore le type des Espagnols et de la France méridionale diffère en général du type normand, flamand, champenois et lorrain, on ne saurait admettre que, dans le passé, les deux éléments ne fussent pas déjà distincts.

Tout, avant les Romains, n'était donc pas *Celtique* dans l'occident de l'Europe, comme bien des écrivains de nos jours le soutiennent avec une persistance, qu'en y regardant de près, on ne saurait accepter. Que *Gaëls* et *Kymris* sortis de la même zone du nord du Caucase se soient, en se rejoignant après une assez longue séparation, reconnus à peu près comme frères, on peut

(1) Virey, *Histoire du genre humain*, page 428.

(2) Virey, *Histoire du genre humain*, page 127.

se trouver d'accord sur ce point ; mais admettre une semblable fraternité entre les *Celtes* et les *Ibères*, c'est ne tenir aucun compte de ce qu'ont écrit César et Strabon, qui doivent nous servir de guides.

Il est pourtant vrai que le *Celte*, ayant une civilisation, à certains égards, plus avancée que celle des *Ibères*, exerça une influence sur lui partout où les deux éléments se trouvèrent rapprochés. Cette influence se manifeste encore aujourd'hui, soit dans quelques monuments druidiques retrouvés, soit dans certains noms géographiques appartenant à la langue celtique aperçus sur les points limitatifs de la *Celtique* et de l'*Ibérie*.

CHAPITRE V

Les mœurs, de même que les institutions politiques et religieuses des Ibères, différaient de celles des Aryens et des Gaëls confondus sous le nom de Celtes.

L'historien des Francs, à qui j'ai déjà fait des emprunts parce que selon moi c'est un de nos plus consciencieux et logiques écrivains, va rendre très saisissante la différence qui existait entre *Gaëls* ou *Celtes* et *Ibères*, quant à leurs mœurs et à leur organisation sociale: « L'âge de l'*Ibère*, écrit-il, ne doit pas, au sujet de ses mœurs, se mesurer à l'état de perfectionnement et de stabilité dans lequel l'histoire nous montre plusieurs peuples ibériques, mais à l'ignorance et à l'anarchie que nous apercevons là où la race conservait ses mœurs primitives, comme dans l'ouest de l'Espagne (1) et au fond de l'Irlande, chez les Silures, île inhumaine, dit Solin, dont les habitants ne savaient pas distinguer le bien du mal (2). L'Ibère offrait un des éléments les

(1) Strabon, *Mœurs des Cantabres*, livre III.
(2) Solin, *Julius*, page 181.

plus grossiers et les moins sociables qui fussent
en Europe ; c'est chez les tribus de cette race
que les anciens ont remarqué l'assujettissement
le plus habituel de la femme contrainte à tra-
vailler plus que l'homme (1). Aussi par conséquent les facultés morales n'avaient-elles point
le moindre développement. On ne connaît point
de religion ibérique, bien que pourtant dans
l'idiome ibérien Dieu fût nommé *Iaincoa*, celui
d'en haut » (2).

Il y a bien loin de ce portrait à celui qui nous
est resté des mœurs bien plus sociables et bien
plus morales des *Gaëls*. En effet, nous voyons
ceux-ci, quand ils se furent fixés dans la Gaule
marcher alors plus ou moins lentement vers la
civilisation sous la domination théocratique et
administrative des druides. Un progrès relatif,
sans doute, ne s'y développa que par degrés ;
mais du moins le *Gaël* ne repoussa pas instinc-
tivement toute innovation propre à lui donner
une situation meilleure. L'*Ibère*, au contraire,
éprouvant une grande répugnance à quitter des
habitudes, dès longtemps contractées, son ins-

(1) Michelet, *Histoire de France*, tome I, page 115 ; il dit
à ce sujet . « qu'on est amené à reconnaître quelques restes de
cet état de barbarie dans les mœurs des successeurs des Ligures,
Bas-Languedoc, et des Aquitains. »

(2) Moke, *Histoire des Francs*, tome I, page 115.

tinct routinier le détournait des grandes entre-
prises, dont l'esprit d'association peut seul assu-
rer le succès. Ni le désir d'ouvrir des relations
commerciales avec les étrangers, dont il subit à
la longue l'influence, ni le besoin de se donner
un plus grand bien-être, ne lui firent abandon-
ner ses traditionnelles habitudes.

Aussi, faute d'entente entre ces tribus *Ligures*,
Sicanes, *Eleusiques*, *Bébriques*, les *Celtes* une fois
maîtres du sud de la Péninsule purent-ils repousser vers le nord tous ces groupes vivant isolés
les uns des autres et les rejeter tous sur la côte
de la Méditerranée de l'embouchure de l'Ebre à
celle du Rhône. Si les *Euskes* ne furent pas
envahis, ils le durent aux retranchements naturels qui défendaient leurs vallées. Laissons
encore la parole à Moke pour juger de la différence qu'il y avait des mœurs de la famille
ibérique à celle des *Gaëls* ou *Celtes*.

« Quels éléments sociaux, dit-il, la race
ibérienne paraît-elle avoir apporté en Europe ?
Voilà une question d'autant plus difficile à résoudre que nous n'avons aucun type connu d'organisation ibérienne. Mais dans cette partie du
littoral de la Méditerranée qui avoisine l'Egypte
et où avait passé et résidé cette famille (n'oublions pas cette précision), l'antiquité nous
montre la barbarie portée à un degré bien

remarquable, la promiscuité des deux sexes s'y trouvant, sinon complètement usitée, du moins très imparfaitement restreinte. (Strabon (1) nous montre la polygamie chez les *Gétules*, ancêtres des *Berbères* de l'Atlas et congénères des *Ibères*).... « A en juger par ce trait caractéristique, ajoute Moke, les institutions sociales de ce peuple, quelle qu'en fût la forme, ne sauraient avoir été fort avancées ni de nature à résister à des chocs violents ; car nous avons déjà vu que les corps politiques reposant sur l'association élémentaire de la famille ne pouvaient se consolider tant que cette association restait faible ou imparfaite. Il est donc probable que l'état organique de cette famille ibérienne était incomplet et défectueux ; et, en effet, nous ne la voyons nulle part posséder à la fois un type politique à elle et un degré de civilisation supérieur à celui du barbare.... Ainsi, quoique remarquablement robuste et courageuse, la race ibérienne n'avait pas mieux réussi que les *Finnois* à maintenir son existence sociale et, ni la fixité, ni la persévérance qui formaient les traits distinctifs de son caractère ne l'avaient empêchée de subir presque toujours l'influence et quelquefois le joug des autres familles : preuve

(1) Strabon, livre XVII, page 971.

certaine que ses institutions communes avaient péché par le principe et paralysé ainsi l'énergie individuelle de ses nombreuses tribus. » (1)

M'occupant spécialement des *Ibères*, j'ai cru que le lecteur trouverait plus d'intérêt dans la lecture de ce qu'ont écrit nos maîtres en histoire, que dans les inductions que je pourrais tirer moi-même de leurs écrits. Aussi, m'effaçant, je laisse ces maîtres souvent s'expliquer. Ils ont à peu près tous gardé le silence sur les théories religieuses des *Ibères*, bien qu'on ait cru retrouver la trace de quelqu'une de leurs divinités dans le taureau égyptien de ses plus anciennes monnaies (2), soit dans les mythes d'*Ilomber* et de *Léheren*, dont on a retrouvé les noms sur des autels votifs ; leur système religieux, dis-je, est resté un mystère. Seulement, Strabon a écrit : « Les Ibères adorent un dieu dont le nom est inconnu et forment des danses en son honneur, les nuits de pleine lune (3). » Il est à remarquer que cet hommage en l'honneur de la lune, qui dans le langage basque se nommait *la lumière morte*, n'était pas étranger aux peuples du sud

(1) Moke, *Histoire des Francs*, tome I, pages 350, 353.

(2) Boudard, *Numismatique ibérienne*, planche II, numéro 6 ; planche XXI, numéro 15 ; planche XXIX, numéro 18.

(3) Strabon, *Muller-Didot*, livre III, page 175.

du Caucase, car Strabon nous apprend qu'entre la frontière de l'*Albanie* et de l'*Ibérie* existait encore de son temps un ancien temple en grande vénération consacré à la lune (1).

Il est à regretter qu'Amédée Thierry, qui a écrit au sujet des Gaëls « que leur société politique avait pour élément la famille et la tribu, que sa bravoure était brillante, impétueuse, mais qu'on lui reprochait de manquer de persévérance (2) », en nous faisant le tableau des mœurs primitives de ces Gaëls ait à peu près gardé le silence sur les institutions civiles des *Ibères*, de même que sur ses mystères religieux. C'est à peine si, dans l'introduction de son livre si complet sous tant d'autres rapports, il se rend en quelques mots l'écho de César et de Strabon : « Le langage, dit-il, et les institutions des Aquitains (d'après lui, nous l'avons vu, les *Vaskitains*) étaient autres que ceux des Gaulois proprement dits. Strabon précise la différence ; il la précise en quelque sorte, en ajoutant que les Aquitains ressemblaient beaucoup moins aux autres Gaulois que ceux-ci ne se ressemblaient entre eux. De plus les institutions des Aqui-

(1) Strabon, édition Tardieu, tome II, page 410.

(2) Amédée Thierry, *Histoire des Gaulois*, tome I, chapitre IV, page 16.

tains, celle des dévouements par exemple, les rattachaient aux *Ibères*, leur costume rappelait celui des *Ibères*. Enfin dans toutes leurs relations politiques, on les voyait presque toujours s'allier avec les *Ibères* préférablement aux *Gaëls*, dont ils n'étaient cependant séparés que par la Garonne. » (1)

Amédée Thierry parlant ici du dévouement que les chefs, soit *Euskes*, soit *Ibères*, avaient pour celui qui était à leur tête, a fait nécessairement allusion aux *Soldures* dont *Adietuan*, chef des *Sotiates* (dont le pays était *limitrophe* des villes de *Toulouse, Carcassonne* et *Narbonne*) était entouré (2). Plutarque avait aussi parlé de ce même dévouement des chefs ibères pour celui qui les commandait. On lit dans Amyot : « La coutume était alors en Espagne que ceux qui étaient à l'entour du prince ou du capitaine mourussent avec lui quand il venait à mourir ; et était cette coutume de se dévouer ainsi volontairement à mourir quand et son seigneur, appelée par les Barbares la Dévotion ; il y en avait bien peu de leurs écuyers ou de leurs

(1) Amédée Thierry, *Histoire des Gaulois*, introduction, page XXVII.

(2) César, *Commentaires*, livre III, *Guerre contre les Sotiates.*

plus familliers qui se dévouassent ainsi à mourir quand et les autres capitaines. » (1)

A propos de ce dévouement commun aux *Euskes sotiates*, comme aux *Ibères*, Strabon a écrit aussi : « Il n'y a que les *Ibériens* pour se dévouer comme ils font à ceux auxquels ils sont attachés jusqu'à subir la mort pour eux. » (2)

Il y a donc aveuglement volontaire à confondre, quant à leur physique, à leurs mœurs, à leurs institutions, soit politiques, soit religieuses, les *Ibères* et les *Celtes*, et plus d'aveuglement encore à prétendre que ces *Ibères* n'étaient que des *Celtes* d'une époque antérieure.

Puisque leur état politique est mis ici sur le tapis, je dois répondre à ce qu'on trouve écrit dans une publication moderne soi-disant historique. L'auteur y soutient qu'*Ibères* et *Gaulois* vivaient, dans ces temps reculés, en pleine *démocratie* et que les masses populaires avaient, comme on dit, voix au chapitre. C'est encore là une erreur manifeste. Les *Euskes*, *Ibères* d'origine, vivaient sous les ordres d'un roi, d'après les monnaies d'*Adietuanus, rex Sotiatium*. César nous apprend que ce chef partageait avec ses

(1) Plutarque, *Vie de Sectorius*, édition Amyot. Dupont 1826, tome V, page 362.
(2) Strabon, traduction Tardieu, tome I, page 272.

soldures, ou dévoués, l'honneur et les avantages matériels attachés à cette royauté (1). N'était-ce pas l'origine de cette féodalité, dont d'après Montesquieu l'origine se perdait dans la nuit des temps et qui ne ressemble en rien à une démocratie quelconque? Etait-ce bien encore le reste de la Gaule qui jouissait, ainsi qu'on le prétend, d'une certaine liberté? Mais voici ce que César a écrit à ce sujet : « Dans toute la Gaule il n'y a que deux sortes de personnes qui soient en quelque estime et en quelque considération : les druides ou les prêtres et la noblesse ou les chevaliers; car le peuple y est presque regardé comme esclave; il ne peut rien par lui-même et n'entre dans aucun Conseil. » (2)

De ce passage des *Commentaires*, écrit sous l'inspiration d'un témoin oculaire, on ne saurait donc induire que les *Gaulois* ou *Celtes* jouissaient d'un gouvernement démocratique; et l'on peut dire que le seul trait de ressemblance qui existât entre le *Celte* et l'*Ibère* consistait dans le complet asservissement de ces deux éléments, sous tous les autres rapports, dissemblables.

Quelque peu civilisés que fussent les *Ibères*,

---

(1) César, *Commentaires*, livre III, *Guerre des Sotiates*.

. (2) César, *Commentaires. Guerre des Gaules*, traduction Wailly, tome I, page 239.

il est bon de remarquer que l'amour de l'or les portait à faire, dans les montagnes des *Sotiates* et de l'intérieur de l'*Ibérie*, ce que faisaient les *Ibères* du Caucase, auxquels se rattachaient, comme déjà on a pu l'entrevoir, ceux dont nous recherchons l'origine. Les uns et les autres receuillaient les paillettes d'or dans les rivières, ce qui a fait dire à Strabon : « Que si les habitants de l'*Ibérie* européenne, d'après certains auteurs, ont eu le nom d'*Ibères*, c'est parce que ceux-ci, comme les *Ibères* du Caucase, se livraient à cette industrie des orpailleurs (1).

N'est-il pas plus naturel de penser que ces *Ibères* du Caucase (dont, à l'origine des temps l'émigration sera prouvée, et qu'au rapport des plus sérieux historiens nous verrons les premiers habitant l'Espagne), y portèrent aussi avec leur industrie d'orpailleurs leur nom asiatique d'*Ibères* qui, dans les plus anciens documents historiques, est attaché aux *Ibères* de la péninsule ?

(1) Strabon, livre XI, chapitre 2, traduction Tardieu, page 402.

CHAPITRE VI

L'idiome des *Ibères* qui, d'après certains auteurs modernes, n'était, sauf quelques modifications, que la langue basque, différait complètement de celui des Gaëls ; premiers éclaircissements à ce sujet.

César et Strabon et avec eux les historiens modernes déjà cités s'accordent, on l'a vu, à reconnaître que l'idiome des *Ibères*, celui qui était en usage dans les Pyrénées et en Espagne, n'avait rien de commun avec la langue proprement dite aryenne ou plutôt celtique.

Bien des voix se sont élevées, à notre époque, pour contredire les précisions si claires du général romain et du grand géographe. Ceux qui voudraient affaiblir l'autorité de leurs écrits, seules sources où il faudrait puiser, soutiennent que la Gaule et l'Espagne n'ont jamais eu qu'une langue mère, la celtique, divisée selon eux en une infinité de dialectes sortis du même berceau, et que l'idiome ibérien lui-même n'était qu'un rameau détaché de la lanque aryenne. Ils admettent pourtant que le langage basque présente de telles différences avec le celtique,

qu'on ne saurait reconnaître entre eux une
certaine parenté. Je prends, en passant, acte
de cet aveu ; car s'il est prouvé que le basque
était l'idiome de l'*Ibère*, à une certaine époque,
ces modernes sont en contradiction avec eux-
mêmes, puisque le basque, suivant qu'ils l'a-
vouent, diffère de la langue celtique.

Ce serait donc une dissertation purement philologique, dans laquelle il faudrait entrer. Mais
comme c'est moins des raisonnements que des
faits qui peuvent rendre claire cette dissertation, après m'être appuyé des écrits des hommes les plus compétents, pour prouver que la
langue ibérienne était différente de celle des
Celtes, je laisserai, dans les chapitres suivants,
les faits venir en aide à mes déductions.

Deux savants vont nous dire d'abord le parti
que l'on peut, jusqu'à un certain point, retirer de
l'étude des langues appliquée à celle de l'histoire
d'un peuple ancien, chez lequel elles étaient
en usage.

« J'ai cité, nous dit Alexandre de Humbold,
l'exemple des langues ; je ferai ressortir d'une
manière générale leur importance sous deux rapports très différents. Considérées isolément, les
langues répandues dans diverses contrées agis-
sent comme moyen de communication entre
des races séparées par de longues distances.

Si, au contraire, on les compare l'une de l'autre, si l'on observe leur organisation intérieure et les divers degrés de parenté qui les unissent, elles font entrer plus avant dans l'histoire de l'humanité (1). »

A son tour, Moke nous dit : « Heureusement nous rencontrons encore ici les découvertes des philologues, trésor longtemps enfoui dans l'ombre, mais que l'histoire commence à pouvoir exploiter. Il y a une sorte de parallélisme entre la formation des langues et celle des nations elles-mêmes, au moyen duquel on peut retrouver dans la nature propre de chaque idiome des signes souvent certains de l'âge et de l'état, comme de l'origine des peuples... A n'examiner que superficiellement les idiomes parlés en Europe, il en existe au moins autant que de peuples..., mais en soumettant les divers dialectes à l'analyse, et cela ne s'est guère fait que de nos jours, les langues européennes proprement dites se réduisent à trois : le *Finnois* avec ses divers rejetons ; les langues *Indo-Germaniques*, c'est-à-dire le slavon, le germanique, le grec et le latin, avec leurs nombreux dérivés, et une langue occidentale, le *Basque*, dont les débris sont mêlés à des idiomes de la

(1) Alexandre de Humbold, *Cosmos*, tome II, page 128.

famille précédente en France, en Espagne, en Italie et dans les îles Britanniques ; encore n'est-il pas même bien exact de dire que ces trois sortes de langage soient complètement étrangères et hétérogènes, car, en outre que le *finnois* et le *basque* peuvent se rattacher l'un à l'autre étant tous deux d'origine sémitique, il y a des analogies primitives qui percent encore dans tous les idiomes de l'ancien monde (1). »

Devant ces deux autorités, il y aurait témérité à nier l'utilité des études linguistiques dans ses rapports avec l'histoire. Guillaume de Humbold (2) et le numismate Boudard (3) nous ont prouvé, en retrouvant dans l'idiome basque le cachet ibérien, que le basque a été parlé non seulement où on le parle encore, mais en Espagne, sur toute la chaîne des Pyrénées et au nord même de cette chaîne. Le savant Fauriel, à son tour, l'a aussi confirmé (4).

Dans l'une de mes précédentes études sur

---

(1) Moke, *L. Cit.* tome I, pages 216 à 220.

(2) Guillaume de Humbold, *Recherches sur les habitants primitifs de l'Espagne.*

(3) Boudard, *Essai de la numismatique ibérienne,* page 6.

(4) Fauriel, *Histoire de la Gaule méridionale,* tome II, page 343 et suivantes.

les premiers habitants de l'Ariège (1), je crois
avoir prouvé que les vallées de cette contrée
conservent encore dans l'idiome patois qui y
est parlé des termes évidemment tirés de la langue basque, d'où la conséquence que ceux qui
habitaient à une époque antérieure cette partie
des Pyrénées devaient parler la même langue que
parlent aujourd'hui, à certaines modifications
près, les habitants du *Labour* et du *Guipuscoa.*
A cet égard la philologie est venue au secours
de l'histoire.

Des deux idiomes, dont la différence a été
incontestablement signalée par César et Strabon,
l'un que je sache, n'existe plus que dans de
vagues radicaux (2) qui sont loin de pouvoir
servir à reconstituer l'ensemble d'une langue.
L'autre idiome, le basque, si c'est là, comme
tout porte à le croire, l'ancien idiome ibérien,
existe et est encore parlé dans deux provinces ,
l'une française, l'autre espagnole ; et la plupart
de nos historiens s'accordent à le regarder
comme le plus ancien idiome de l'Europe. Pour
savoir aujourd'hui si ces deux langues ne diffé-

(1) *Vallées ariégeoises avant l'invasion romaine,*
pages 17, 18.

(2) Cette langue prétendue celtique n'existe aujourd'hui nulle
part. Le breton s'est formé simultanément du celtique, du kymric
et d'autres éléments.

raient point du temps de César et de Strabon, qui
ont signalé leur différence, il faudrait en avoir
les deux types ; dans ce cas seulement on pourrait juger avec connaissance de cause. L'un des
deux types manquant n'est-on pas plus dans le
vrai à s'en tenir à ce qu'ont écrit César et Strabon ? Ces deux témoins de l'époque ont vu là
deux idiomes parfaitement distincts. Le bon
sens nous dit de nous en rapporter plutôt à eux
qu'à des modernes prétendant qu'il n'y avait
alors qu'une seule langue, mère de tous les
dialectes, la *celtique* ou *indo-germanique*. Cette
question n'offrirait, du reste, qu'un intérêt secondaire, si on n'en voulait point tirer la conséquence inadmissible que l'*Ibère* se confondait
avec le *Celte* venu d'une autre partie de l'Asie.

Ce système de rattacher ainsi toutes les familles nationales de l'occident de l'Europe au
berceau purement aryen simplifierait , je
l'avoue, les questions historiques des premiers
temps. Ainsi on n'aurait pas à suivre les divers
rameaux d'une seule souche dans leurs migrations, en remontant jusqu'à leur origine, en
étudiant l'idiome primitif de chacune des bran-
ches détachées du même tronc. Mais l'historien
s'occupant du passé avec amour, en véritable
artiste, voulant se rendre raison de toutes cho-
ses , ne peut se contenter de superficielles et

systématiques recherches. Ce passé il faut qu'il
le scrute, afin de le rendre moins obscur et de
ne laisser aucun recoin du dédale sans y avoir
fait pénétrer la lumière. C'est ainsi qu'ont agi
les sérieux écrivains qui m'ont servi de guides.
Après eux, si j'ai pris la plume, ce n'est, infime
manouvrier, que pour placer quelques pierres
qui m'ont paru manquer aux beaux monuments
sortis de leurs mains. Ainsi tout n'a pas été dit
par eux au sujet de l'origine de nos *Ibères*, de
leurs mœurs, de leur idiome. L'un de ces auteurs, l'érudit Moke, l'a tenté. A ses yeux,
comme aux miens, l'*Ibère* avait pu, à l'origine
des temps, avoir eu des rapports avec les enfants de l'Asie, mais sorti d'une zone bien plus
méridionale, il n'était pas tombé comme des
nues sur la Péninsule européenne, sans des
immigrations, dont l'historien doit se rendre
compte.

Un fait, au point de vue linguistique, reste
incontestable, c'est que différant du *Celte*, par
le physique et par les mœurs, l'*Ibère* en différait
aussi par le langage. La question philologique,
à son égard, qui n'est jusqu'ici qu'effleurée,
recevra de plus amples éclaircissements à mesure que j'aurai à mentionner les faits le con-
cernant.

Plus loin, il sera prouvé incontestablement,

malgré les affirmations de quelques écrivains modernes, que les *Ibères* venus de l'occident de l'Asie et des vallées du Caucase où le nom d'*Ibérie* apparaît dans les temps les plus reculés, avaient dans leur groupe une tribu portant le nom d'*Euskes*, les *Basques* de nos jours. Pour combattre cette commune origine on a dit que l'idiome basque actuel n'a rien conservé du caractère de la langue caucasique. On ajoute qu'il n'y a pas le moindre rapport entre les deux idiomes. Quatre mille ans se sont écoulés depuis le moment où les *Ibères* avaient quitté leur berceau caucasique. Il est assez naturel de penser que des changements ou du moins des modifications avaient dû s'opérer dans le langage soit des *Ibères* de l'Asie, soit de ceux transplantés en Europe. Cela est d'autant plus probable que voici ce qu'écrivait Strabon il y a dix-neuf cents ans : « On ne compte pas moins de vingt-six langues différentes parlées en Albanie, touchant à l'Ibérie asiatique (1). » Il faut donc avouer que s'il n'existe plus aujourd'hui d'analogie entre l'idiome basque et l'un des vingt-six idiomes parlés jadis dans la contrée ne faisant pour ainsi dire qu'un avec l'*Ibérie* caucasique, on ne peut pas se

---

(1) Strabon, traduction Tardieu, tome II, livre II, chapitre IV, page 409.

faire une arme de cette dissemblance, pour dire
que ces peuples n'avaient pas eu un berceau
commun. Plus loin nous verrons du moins les
Berbères d'Afrique, ancienne population sémitique, sortie aussi du sud du Caucase, au rapport
de divers écrivains de notre temps, s'entendre
en quelque sorte avec nos basques actuels, dans
leur langage, ce qui les rattache l'un à l'autre
dans le passé et ne nous laisse entrevoir en eux
que d'anciens sémites.

CHAPITRE VII

Danger de recourir à l'étude des langues appliquée à l'histoire, en l'isolant de celle des faits. — Critique respectueuse d'une interprétation du terme *Ibères* donnée par le savant Henri Martin ; preuves à l'appui de cette critique. — Erreurs manifestes du livre sur l'*Ibérie* de M. Graslin.

L'application de l'étude des langues à celle de l'histoire peut servir sans doute à jeter du jour sur le passé, à la condition de n'y recourir qu'avec précaution et en l'absence des monuments écrits servant de preuves pour les faits que l'on tient à mettre en saillie. Ceci m'amène à appeler l'attention du lecteur sur le terme géographique *Ibère*, *Ibérie*, qu'on a voulu expliquer au moyen de la philologie. On va juger du danger qu'une semblable application peut faire courir à l'historien qui ne s'en tiendrait qu'à un aperçu étymologique en laissant de côté les appréciations d'un autre genre.

Le nom d'*Ibères* appartient-il à un peuple venu d'ailleurs que de la Gaule ou de l'Espagne et portait-il ce nom déjà à l'origine des temps historiques, ou bien, comme plusieurs modernes écrivains l'ont avancé en consultant seulement les radicaux d'un ancien idiome, l'*Ibère* n'aurait-il pas emprunté son nom de l'*Ebre*, un fleuve de la Péninsule hispanique ? Cette dernière étymologie a séduit plusieurs de ceux qui se sont occupés plus ou moins utilement d'histoire ou de philologie.

Le nom d'un de ces écrivains qui, lui, n'a jamais livré au public ses productions sans les avoir profondément méditées et dont les œuvres font autorité, m'impose le devoir de ne combattre l'opinion qu'il a émise au sujet de la dénomination d'*Ibères*, qu'en me tenant dans les bornes d'une respectueuse critique, à laquelle ma conviction doit servir d'excuse.

Celui que je vais me permettre jusqu'à un certain point de contredire, n'est rien moins que le si regrettable et savant Henri Martin (1).

(1) Les convenances me faisaient une loi de ne pas publier mes *Ibères*, sans soumettre à notre plus complet historien le chapitre où je me permettrais d'être d'un avis différent du sien. Peu de jours avant sa mort, je lui avais écrit la lettre qui suit :

Monsieur et cher maître,

Grâce à vous, qui avez bien voulu signaler à mon fils, le docteur Félix Garrigou, une de mes erreurs étymologiques, dans un livre sur Luchon, et grâce aussi à de judicieux amis, je vais, dans un travail où je m'occupe spécialement des *Ibères*, reconnaître la justesse de vos observations à propos du terme *Aquitani* que j'expliquais bien à tort par le terme latin *Aquas tenens*. Portant

Voici ce qu'on lit dans le premier volume de l'*Histoire de France* d'Henri Martin, page 5 : « Les Galls trouvèrent dans cette même terre nouvelle les peuples de même sang et de même langue que les Aquitains. Ces peuples alors,

mon attention sur mes *Ibères*, et trop heureux, dans mes modestes études ariégeoises, de trouver pour guide votre si belle *Histoire de France* j'y remarque un passage qui semble enveloppé de quelques nébulosités. Me pardonnez-vous donc de vous adresser par l'intermédiaire d'un honorable et érudit piocheur, M. Piétrement, d'une part mon avant-propos des Ibères et de l'Ibérie, où je m'empresse de relever l'erreur que vous avez bien voulu signaler à mon fils, de l'autre mon septième chapitre où, après vous avoir pris pour mentor, j'ai la hardiesse de n'être pas tout à fait de votre sentiment, à propos du nom des *Ibères*.

Si j'ai attaché une grande importance à cette définition linguistique c'est quelle renferme, à mon sens, la solution de ce que, d'après bien des écrits modernes, on pourrait regarder comme un problème.

Aussi, avant de porter ma nouvelle pierre à l'édifice historique de nos origines, serais-je jaloux de ne le faire qu'en étant assuré que mon opinion au sujet de ce terme *Ibères* n'a rien de trop contraire à celle du premier historien de notre époque. Vous prier de vouloir bien consacrer demi-heure à la lecture de cette ébauche sera sans doute vous détourner de vos graves et si patriotiques occupations ; mais votre amour de l'art vous portera à ne pas refuser un bon conseil à l'un de vos élèves, octogénaire, qui est pénétré pour vous de la plus haute estime et du plus profond respect.

A. Garrigou.

Si cette lettre est restée sans réponse, les dernières préoccupations politiques du sénateur et sa mort nous expliquent son silence.

non pas les seuls, mais les principaux habitants
de l'Espagne figurent chez les historiens grecs,
qui écrivaient bien des siècles après, sous le
nom collectif d'*Ibères*, mais ce n'était pas là un
nom de race ; *Ibères* ne signifie qu'habitants des
bords de l'E*bre*, *Eber* ou *Ibris* ; et encore est-il
probable que le nom d'Ebre est celtique et non
espagnol d'origine. »

Le nom d'*Ebre* de la rivière dont il est ici
question serait, croit-on, CELTIQUE, c'est-à-dire
que ce serait les *Celtes* qui auraient donné à
l'*Ebre* le nom qu'il porte, pris d'un radical de
leur langue et par suite aux *Ibères* qui étaient
pourtant établis en Gaule et en Espagne plusieurs
siècles avant que les Gaëls, d'où sortirent les
Celtes, eussent paru sur la rive gauche du Rhin.
Il faudrait donc admettre de là qu'avant l'arrivée des *Celtes*, le fleuve *Ebre* et le peuple ibérien
lui-même n'avaient aucun nom. Il est pourtant
naturel de penser que les *Ibères* venus là avec
des *Perses* et des *Gétules* avaient une dénomination collective et que le fleuve espagnol avait
aussi un nom.

Si nous avons des preuves manifestes qu'un
peuple asiatique portant le nom d'*Ibères* ait, avec
le concours d'autres assaillants, envahi l'Espagne quatre ou cinq siècles avant que les *Celtes* y
eussent mis le pied, on ne voit pas trop pour-

quoi ce peuple s'appelant l'*Ibère* en Asie n'aurait pas conservé ce même nom dans son émigration et aurait attendu durant quelques siècles qu'il plût à d'autres immigrants de lui en imposer un nouveau.

Il importe donc de savoir si, à l'origine des temps, des *Ibères* n'ont pas quitté l'Asie pour venir s'établir dans l'occident de l'Europe et s'il n'existe pas des documents authentiques prouvant qu'ils s'étaient avant tous autres implantés sur cette terre même qui prit dès lors le nom d'*Ibérie*.

Henri Martin nous a dit que le nom d'*Ibère* ne pouvait pas être un nom de race. Mais en ayant l'air de le rattacher, comme l'avait fait Justin, au nom d'un fleuve (1), n'a-t-il pas mis une réserve à cette précision, en ajoutant : *et encore il est probable que le nom d'Ebre est celtique et non espagnol d'origine.* Le judicieux historien comprenait très bien qu'une dénomination venue des *Celtes*, arrivés 4 ou 500 ans après les *Ibères* en Espagne, et appliquée à ces derniers, était une flagrante anomalie. La note d'ailleurs qui accompagne le texte est de nature à bien affaiblir sa nuageuse indication. Cette note est ainsi conçue : « Il y avait en Espa-

(1) Justin, livre 44, chapitre I.

gne, suivant une tradition ancienne, des *Perses,*
c'est-à-dire, apparamment, des tribus venues
des environs du Caucase et de la Caspienne.
(Voir Varron : ap. Pline, t. I) (1). »

Si notre historien eût lu attentivement les
deux textes de Pline à ce sujet, il aurait vu que
Pline dit à un endroit : *In universam Hispaniam
Varro invenisse Iberos et Persas et Phœnicas
tradit* (2) ; et ailleurs : *Iberi populi Hispaniæ ab
Iberis Asiæ orti* (3) et en français : Varron an-
nonce que dans toute l'Espagne se trouvaient
des Ibères, des Perses, des Phéniciens... Les
Ibères, peuples de l'Espagne, issus des Ibères de
l'Asie. Justin, il est vrai, semble nous dire que
les *Ibères* de l'Espagne avaient pris leur nom de
l'*Ebre,* car on trouve écrit dans son texte :
« *Hispaniam veteres ab Ibero amne primum
Iberiam, postea ab Hispano hispaniam cognomi-
naverunt* » (4) ; mais Pline et Varron ne parlant
nullement de cette explication étymologique,
d'autant que celle d'*Hispanus* est essentiellement
fantastique, on est autorisé à croire que les
deux étymologiques expressions sont l'œuvre
fantaisiste de Justin.

(1) Henri Martin, *Histoire de France,* tome I, page 5, note.
(2) Pline, édition Lyon 1563, page 34, ligne 13.
(3) Pline, édition Lyon 1563, à la table verbo *Iberi.*
(4) Justin, livre 44, chapitre I.

Pline nommant les *Ibères* avant les Perses et les Phéniciens et faisant sortir ces *Ibères* de l'Asie, où ils portaient le nom d'*Ibères*, on ne voit point pourquoi ils l'auraient reçu d'une rivière coulant dans un pays qu'ils ne connaissaient pas encore. On verra plus loin, et je l'ai déjà prouvé ailleurs, que c'était les tribus ibériennes qui imposaient leurs noms aux cours d'eaux sur les bords desquels ils se fixaient (1).

A ce sujet on ne peut s'empêcher de jeter la pierre à M. Graslin qui, pour appuyer son système, a prétendu que les *Ibères* du Caucase avaient aussi reçu leur nom d'un fleuve, *Iberus*, coulant dans l'*Ibérie* asiatique, fleuve qui n'a jamais existé que dans l'imagination de l'auteur (2).

La note que le grand historien a mise en regard de son texte doit nous amener à croire qu'il prévoyait l'objection naturelle que l'on pourrait faire à l'étymologie qu'il avait mise en saillie; et, préoccupé de son vaste plan historique, il n'avait pas dù attacher une grande importance à la recherche du mot *Ibère*.

Dans la tàche que je me suis imposée, je puis

(1) *Vallées ariégeoises avant l'invasion romaine*, page 13.

(2) Graslin, *De l'Ibérie*, page 345.

d'autant moins passer à la légère sur cette question étymologique, qu'à elle se relie celle bien plus sérieuse de la véritable origine du peuple ou de la race d'hommes qui, les premiers, après pourtant les races préhistoriques, occupèrent non seulement l'Espagne, mais encore les Pyrénées et le centre de la Gaule. En effet, si on admet que les *Ibères* ont reçu leur nom d'une rivière portant un nom évidemment *celtique*, il faudra admettre que les *Celtes* avaient précédé, dans l'occident de l'Europe toute autre race humaine et se mettre en contradiction avec nos plus érudits historiens. Si au contraire le nom des premiers conquérants de notre continent est le même que celui d'un peuple caucasique bien différent du *Celte*, et que le nom de ce peuple ait été l'*Ibère* en Asie, que d'ailleurs nous ayons des preuves manifestes qu'il a émigré du Caucase, qu'il est venu d'abord en Afrique, puis s'est rejeté sur la Péninsule, pour y figurer en tête de tous les autres groupes envahisseurs et enfin pour y produire des tribus diverses toutes dites ibériennes, on ne voit point pour quel motif, torturant l'histoire, on irait s'égarer dans un dédale linguistique à propos de sa dénomination.

Les chapitres qui vont suivre prouveront son existence en Asie, au sud du Caucase, nous donneront les motifs de son émigration, nous fixeront approximativement sur la route qu'il dût suivre, sur son alliance avec les Perses et les Gétules, sur ses luttes contre les Phéniciens et enfin sur sa prédominance en Espagne, dans les Pyrénées et dans le centre de ce qui fût plus tard appelé la Gaule.

CHAPITRE VIII

Une Ibérie existait à l'origine des temps au sud du Caucase. — Explication du silence d'Hérodote au sujet des Ibères. — Des écrivains grecs et latins ont signalé l'existence de ces Ibères. — Strabon prouve leurs migrations et fait le tableau de cette Ibérie ; il prouve leur liaison avec les Perses, les Mèdes et les Arméniens.

De ce que l'*Ibérie* située au sud du Caucase n'a joué qu'un rôle secondaire dans l'histoire des peuples de l'occident de l'Asie, quelques modernes ont prétendu que ce n'était point une migration de ce peuple par eux cru infime, qui avait pu donner son nom à la Péninsule hispanique. On s'est appuyé pour soutenir cette thèse sur le silence d'Hérodote. Cette *Ibérie* asiatique se trouvant placée entre la Colchide et la mer Caspienne, Hérodote n'y place en effet que les Sapires (1). Ailleurs encore il dit « qu'au-dessus des Mèdes il n'y a que les Sapires et par-delà les Sapires, les Colchidiens qui sont contigus à la mer où se jette le Phase (2) ». A s'en tenir à ce si-

(1) Hérodote. E. Personneaux, Paris 1870, page 64.
(2) Hérodote. E. Personneaux, Paris 1870, page 293.

lence d'Hérodote, il faudrait induire qu'il n'y avait au sud du Caucase ni une Arménie, ni une Albanie, ni enfin une *Ibérie*. Trop de documents géographiques et historiques nous ont parlé de ces trois nations de l'Asie occidentale pour qu'on puisse arguer du silence d'Hérodote qu'elles n'avaient qu'une médiocre importance.

Strabon a consacré à peu près tout le chapitre 3 du livre XI à l'Ibérie asiatique (1). Suivons-le dans d'autres divers passages que je prends dans l'édition latine de Muller. Il nous dit : « Les peuples qui sont entre la mer Caspienne et le pont Euxin jusqu'au Caucase sont des Ibères, des Albanais, etc. (2).... Vers le Caucase sont les Ibères et les Albanais (3).... Les Ibères et les Albanais habitent en grande partie cet isthme (4).... L'accès de l'Ibérie en venant de la Colchide est des plus difficiles à cause d'un terrain hérissé de rochers, couvert de torrents et de fortifications échelonnées sur la route (5)...Se rendant plus loin l'écho de Mégasthènes, il dit « que les cours d'eau de l'Ibérie charriaient des

---

(1) Strabon, traduction de Tardieu 1873, tome II , page 403.
(2) Strabon, traduction latine, Muller-Didot, tome I, page 10.
(3) Strabon, traduction latine, Muller-Didot, tome I, page 97.
(4) Strabon, traduction latine, Muller-Didot, tome I, page 428.
(5) Strabon, traduction latine, Muller-Didot, tome I, page 429.

paillettes d'or (1) et que des migrations d'Ibères
(notons ce fait) s'opérèrent à des époques recu-
lées vers le pont Euxin (2).... Les Ibères n'é-
taient séparés de l'Arménie que par l'Araxe (3)....
Les Albanais habitaient entre les Ibères et la mer
Caspienne.... La chaîne montagneuse de Cam-
bisenne touchait à l'Arménie, aux Ibères et aux
Albanais (4).... La Moskisa était divisée en trois
parties, les Colchidiens, les Ibères et les Arméniens (5).... Aux confins de la Colchide et de
l'Ibérie était du temps de Jason la ville de
Phrinée (6).... La tradition rapportait que Jason
avait porté la guerre jusqu'au-delà de la mer
Caspienne, à travers l'Ibérie et l'Albanie (7)....
et qu'une autre tradition de son temps était conservée perpétuant le souvenir de l'adjonction de
l'Ibère au pays d'au-delà du Cyrus (8) »... (où
s'étaient avancés les Perses et les Mèdes.) Il faut

(1) Strabon, traduction latine, Muller-Didot, tome I, page 606 :
« Nous verrons les Ibères d'Espagne comme ceux des Pyrénées
se livrer aussi à cette industrie des orpailleurs. »
(2) Strabon, traduction latine, Muller-Didot, tome I, page 51.
(3) Strabon, traduction latine, Muller-Didot, tome I, page 51.
(4) Strabon, traduction latine, Muller-Didot, tome I, page 430.
(5) Strabon, traduction latine, Muller-Didot, tome I, page 428.
(6) Strabon, traduction latine, Muller-Didot, tome I, page 38.
(7) Strabon, traduction latine, Muller-Didot, tome I, page 438.
(8) Strabon, traduction latine, Muller-Didot, tome I, page 435.

aussi ne pas perdre de vue pour le sujet qui nous occupe ce rapprochement de l'Ibère et du Perse.

Après avoir glané dans tout le cours du livre, de Strabon quelques faits isolés se rattachant à l'Ibérie, on ne saurait me faire un crime de plagiat si je résume ici ce qu'il dit de l'Ibérie caucasique dans le chapitre qu'il lui consacre. A mon sens, nos *Ibères* de l'occident de l'Europe ont eu pour premier berceau le versant du Caucase, comme les Gaëls ont eu pour point de départ l'Arye, bien au nord de cette chaîne. Ce n'est donc pas sortir de mon sujet que de porter mon attention sur ce qu'a écrit au sujet du berceau de nos *Ibères*, sans contredit, le plus savant et le plus logique écrivain de l'antiquité. Peut-être trouverons-nous, dans le portrait du pays et des mœurs de cette population caucasienne quelques traits de ressemblance avec les peuplades que nous voyons à l'occident de l'Europe, portant le même nom que les *Ibères* de l'Asie.

Dans le chapitre troisième du livre XI de sa gréographie, Strabon écrit (1) :

« L'Ibérie nous offre l'aspect d'un pays singulièrement riche et populeux à en juger par le nombre de ses villes et de ses villages....

(1) Traduction de Tardieu, tome II, page 403 et suivantes.

Quelques-uns des cantons de l'*Ibérie* sont comme enveloppés par le Caucase. Il se détache en effet de la chaîne principale du Caucase et dans la direction du Midi un certain nombre de contreforts aux pentes verdoyantes et cultivées qui rejoignent les monts d'Arménie et de Colchide formant ainsi une ceinture tout au tour de l'*Ibérie*. Au centre du pays est une vaste plaine arrosée par plusieurs cours d'eau, dont le plus considérable est le *Cyrus*. Ce fleuve, qui prend sa source en Arménie, pénètre presque aussitôt dans la plaine dont nous venons de parler, y reçoit l'*Aragus*, lequel descend du Caucase même, et avec l'Aragus quelques autres cours d'eau, puis entre par une étroite vallée dans l'Albanie, sert ensuite de limite commune à cette contrée et à l'Arménie, et après avoir largement arrosé de riches prairies couvertes de bestiaux, après s'être grossi encore de plusieurs cours d'eau, tels que l'*Alazonius* et autres rivières navigables va se jeter dans la mer Caspienne. La plaine est habitée par la partie de la population ibère qui s'est vouée plus spécialement à l'agriculture et dont les goûts sont plus pacifiques. Ces *Ibères* de la plaine ont adopté dès longtemps le costume et les mœurs des *Arméniens* et des *Mèdes*. Mais le plus grand nombre (et ce sont en même temps les plus belliqueux) habitent de préférence la montagne....

« Quatre passages seulement donnent accès
en *Ibérie* ; le premier est celui que commande
la forteresse colchidienne de Sacapanes, du défilé par où se précipite le Phase qu'il faut passer
sur cent vingt ponts.... Tel est le premier
passage qui donne accès en *Ibérie*. Il part de la
Colchide et se trouve obstrué partout de rochers, de places fortes et de cours d'eau profondément encaissés.

« Si on vient du nord du pays des nomades
on gravit trois jours durant une montée très
rude à laquelle succède un col étroit suspendu
en quelque sorte au-dessus du lit de l'*Aragus* et
qui pour cette raison ne peut être franchi en
moins de quatre jours et autrement qu'en marchant un à un, sans compter qu'il se trouve
fermé au bout par un mur ou retranchement
inexpugnable. Le troisième passage mène d'Albanie en Ibérie : taillé dans le roc à son point
de départ, il continue à travers les marais que
forme l'*Alazonius* à sa descente du Caucase.
D'Arménie enfin on peut entrer en *Ibérie* par le
double défilé du *Cyrus* et de l'*Aragus*. »

Si au résumé de ce chapitre sur l'Ibérie on
joint encore d'autres remarques de Strabon sur
le même sujet, en s'occupant des peuples limitrophes, on peut se faire une idée de ce qu'était
ce berceau des *Ibères* primitifs qui durent cher-

cher en arrivant en Europe des sites leur
rappelant leur première patrie. Ainsi l'*Ibérie*
caucasique était défendue par des montagnes,
faudra-t-il donc s'étonner si, une de leurs tribus,
les *Euskes*, se sont maintenus longtemps indépendants sur l'Isthme pyrénéen, leur rappelant
leur berceau ? L'industrie qu'ils exercèrent en
Asie, ils l'exercèrent aussi en divers lieux de la
Péninsule, en qualité d'orpailleurs le long des
rivières des Pyrénées et des Cévennes, ce qui
a donné lieu de la part de Strabon à cette remarque relative au nom des *Ibères* : « Quelques auteurs prétendent, à ce propos, que si on a donné
à un peuple de l'occident de l'Europe le même
nom, à savoir le nom d'*Ibères*, qu'aux Ibères du
Caucase, c'est parce que les deux pays se trouvent posséder des mines d'or ». Et, à mon sens,
il est bien plus naturel, comme je l'ai déjà dit,
que s'il est prouvé, et je crois que je le prouve-
rai invinciblement, que l'*Ibère* du Caucase est
venu en Espagne, cette contrée a pris son nom
d'*Ibérie* de celui du peuple qui l'a primitivement
envahie.

Si Hérodote n'a pas mentionné pas plus l'*Ibérie*
que l'Arménie et l'Albanie c'est qu'avant lui et
déjà à une vieille date les Perses et les Mèdes
avaient étendu leur domination sur treize États
plus ou moins importants, situés au sud du

Caucase. Faudra-t-il donc s'étonner si les Perses
et les Mèdes, forcés de s'expatrier, entraînèrent
avec eux dans leurs migrations (antérieures à
celles des Phéniciens), des Albanais, des Arméniens et des *Ibères* ? Avant de suivre ces émigrants cherchant un refuge en Europe, il est
nécessaire de se rendre compte du motif ou
plutôt des motifs qui poussèrent ainsi des groupes nombreux de l'Asie vers l'Occident.

CHAPITRE IX

Motifs de l'émigration des peuples du sud et du nord du Caucase vers l'occident de l'Europe. — La détente des glaciers du nord de l'Asie force les Mongols à quitter le nord. — Déluges plus ou moins fabuleux. — Pression des Mongols sur les peuples du sud du Caucase. — Les Ibères émigrent en gagnant le pont Euxin et viennent en Espagne où ils apparaissent avec les Perses avant même que les Phéniciens y soient venus.

Si nous voulons nous rendre compte du refoulement de tous les peuples, grands ou petits, de l'occident de l'Asie vers l'Europe et vers les bords septentrionaux de l'Afrique (et dans ces derniers nous trouverons des Perses, des Mèdes, des Arméniens, des Chaldéens et des *Ibères*), il faut consulter d'une part les monuments énygmatiques de l'ancienne Egypte qui nous fournissent des demi-éclaircissements, de l'autre ce qui a été conservé des écrits carthaginois, des histoires de l'ancien Orient d'après les auteurs arabes et enfin les documents grecs et latins, sans négliger les traditions génésiaques.

On rattache au vingtième siècle, avant notre ère, la première migration du Gaël s'arrachant à l'Arye et mettant quatre ou cinq siècles pour venir se grouper en deçà du Rhin. Mais les inscriptions découvertes de nos jours sur les monuments des Pharaons semblent prouver que déjà avant le vingt-deuxième siècle, les diverses populations du sud du Caucase et des bords de l'Euphrate avaient été simultanément poussées vers l'Occident par des causes de force majeure dont il convient de se rendre compte.

Si ce refoulement eût été occasionné par un accroissement de population, il n'eût été ni si général, ni si persistant. Alors que des nations entières étaient ainsi rejetées loin de leur patrie, ce n'était point parce qu'elles devenaient trop populeuses; ce n'était pas non plus de continuelles famines qui les forçaient à s'expatrier, puisque les contrées qu'elles habitaient étaient des plus fertiles. La cause de leurs migrations devait tenir à d'autres plus graves circonstances.

On peut la retrouver dans un changement climatérique qui dut s'opérer dans le nord de l'Asie, occupé par la race mongolique, et qui fit refluer en masse les peuples de cette famille sur ceux du midi et de l'occident de l'Asie, forcés de fuir devant elle et d'aller à la découverte de nouvelles terres.

La détente des glaciers du nord et par suite le déchaînement des eaux formant des avalanches diluviennes peuvent seuls nous expliquer la venue des Mongols sur cette terre sémitique et la dispersion d'abord d'une grande partie de ces peuplades du sud du Caucase et plus tard même de celles de l'Arye, bien au nord de cette chaîne.

Au sujet des glaciers, donnons la parole aux savants qui de nos jours en ont étudié la nature, la marche et la périodicité. Voici ce qu'a écrit M. d'Assier qui, après de longs voyages, soit en Europe, soit en Amérique, a payé son tribut à la science en perdant la vue dans ses études sur l'homme, le ciel et les langues. « Chassés, dit-il, par les neiges, les habitants des hauts plateaux vinrent se réfugier dans les plaines qui descendent vers les rivages de la Méditerranée, du Golfe persique et de la mer des Indes... Plus loin, il ajoute : « La périodicité des époques glacières fournit un syncronisme historique des plus inattendus, si toutefois les objections que Michel Bréal a exposées dans ses fragments de critique Zend ne sont pas fondées. Le premier chapitre du Zend-Avesta nous apprend que la branche occidentale des Aryas quitta les hautes vallées de la Batriane chassée par le froid. Ce froid subit, inexplicable à tout autre point de vue, se présente comme une conséquence immédiate de la dernière époque glacière qui, sévissant sur tout l'émisphère boréal, atteignit natu-

rellement les hauts plateaux de l'Asie cen-
trale (1). »

Il n'est pas difficile de comprendre que si, en
effet, les glaciers du nord de l'Asie se conver-
tissaient en lourdes masses glissant du haut des
montagnes, les peuplades mongoliques et tou-
raniennes durent fuir devant ces redoutables
blocs glacés envahissant les vallées par elles
habitées ; et que si d'un autre côté l'immersion
des terres fut vers ce point générale, les habitants des contrées inférieures, repoussés par
ceux des vallées supérieures qui les envahis-
saient, aient cherché leur salut dans les émigrations.

Un autre savant moderne qui nous a donné
une très intéressante peinture des glaciers à
l'époque quaternaire, après avoir aussi décrit
leur nature et leur marche, de même que leurs
ravages, semble à tort, selon moi, n'attribuer le
refoulement des peuples de l'Asie vers l'Europe
qu'à l'humeur conquérante de leur race. Mais
toutes ces grandes masses populaires auraient-
elles été simultanément possédées de la rage
d'aller au loin entreprendre des conquêtes (2)?

(1) A. d'Assier, *Revue scientifique*, 26 juillet 1879, page
77 ; *Essai de Philosophie naturelle : L'homme*, page 280.
(2) Piétrement, *Les chevaux dans les temps préhistoriques*, page 54.

Ce qu'il nous a dit autre part, au sujet des légendaires déluges et de l'avalanche mongolique tombant sur l'Asie occidentale et sur l'Egypte, assignera à toute autre cause qu'à l'humeur guerrière et à l'ambition de conquérir de nouveaux territoires, ces innombrables émigrations qui sont un fait incontestable et incontesté.

Les souvenirs d'un déluge se rattachent justement à l'histoire un peu nuageuse, sans doute, non pas d'une seule, mais de plusieurs peuplades appartenant à la zone qui embrasse les côtes de la mer Caspienne et la chaîne du Caucase au sud et au nord. Il est donc utile de rappeller les traditions propres à chacun des peuples avoisinant la partie de l'Asie où l'élément liquide paraît avoir laissé des traces les moins équivoques de ses ravages.

Dès le moment où la Genèse est d'accord avec d'autres traditions orientales, il y aurait parti pris à lui refuser toute autorité. On parle dans la Vulgate d'un déluge dont je ne prends ici que le fait principal dégagé de bien des détails qui pourraient ouvrir la porte au doute. Le théâtre principal de cette complète submersion fut, dit la Genèse, l'Arménie (1). Nous verrons des Arméniens, d'après Saluste, ayant cherché

(1) *Biblia sacra*, *Vulgatæ editionis*, chapitres **VII** et **VIII**, page 67.

un refuge en Afrique ; et nous savons, d'après Mégasthènes et Strabon, que des Ibères touchant à l'Arménie à une époque très ancienne avaient aussi été forcés de s'expatrier. Y aurait-il donc témérité à attribuer cette émigration à cette cause diluvienne dont a parlé la Genèse ?

Puisant à une autre source, on trouve dans l'*Histoire des premiers temps de l'Orient*, par Le Normand (1), une allusion manifeste à ce même déluge, allusion prise des phénomènes climatériques annuels des vallées du Tigre et de l'Euphrate.

A son tour, Volney a constaté la vraisemblance de ces envahissements diluviens, en les attribuant à une cause physico-astronomique qui pouvait se répéter à certaines époques et dont le principe merveilleux consiste dans le langage métaphorique qui servit à l'exprimer ; et l'on peut ajouter que la différence des récits de cet événement dans les traditions chaldéennes et hébraïques tient plus surtout à la différence de l'une et de l'autre de ces populations, qu'à celle des climats qu'elles habitaient (2).

Un autre écrivain s'appuie des renseignements puisés dans des chroniques asiatiques pour

(1) Le Normand, *Origine de l'histoire*, pages 110 à 118.

(2) Volney, *Recherches nouvelles sur l'histoire ancienne*, chapitre XII.

soutenir que les Aryens eux-mêmes rapportaient une tradition de ces déluges, dont l'origine première est la même que celle des Hébreux et des Chaldéens et que les Aryens n'avaient pas empruntée à ces derniers (1).

Sans mentionner ici le déluge de Deucalion emprunté aux Pélages, j'ajouterai à ce sujet ce que nous lisons dans Maspéro : « Aussi bien, dit-il, les plus anciennes traditions des *Sémites* nous montrent-elles les peuples de la race Koushites (Mongols, Touraniens) établis sur les confins de la Chaldée. Ils arrivaient de l'Orient et descendaient de ce plateau central d'où sont sorties toutes les nobles races de l'ancien monde. Ils apportaient avec eux le souvenir de leur patrie transoxienne et du grand déluge qui les en avait chassés (2). »

Quelques vagues que soient ces traditions, on ne peut s'empêcher d'y reconnaître un événement de force majeure qui a poussé toutes les populations à fuir un milieu devenu à peu près inhabitable et à se jeter sur d'autres peuples forcés à leur tour d'aller chercher un asile ailleurs. N'aurions-nous pas la preuve qu'à ce

(1) A. Pictet, *Origines Indo-Européennes*, tome II, pages 615 à 617.

(2) Maspéro, *Histoire ancienne des peuples d'Orient*, pages 145 à 147.

déchaînement des eaux se joignit aussi contre les habitants du sud du Caucase une avalanche de races plus ou moins barbares, que l'émigration des Mèdes, des Perses, des Chaldéens, des Arméniens et des *Ibères* s'expliquerait très naturellement ; et s'il est incontestable que les quatre premiers de ces peuples émigrants vinrent en Afrique et sur la Péninsule hispanique, on ne sait pas pourquoi on ne verrait pas aussi bien les *Ibères* faire partie de ces migrations, alors surtout que des historiens les y signalent, et alors que la Péninsule hispanique a pris le nom d'*Ibérie*.

L'émigration des *Ibères* du sein de leur patrie asiatique ne saurait être mise en doute, et Mégasthènes, au dire de Strabon, nous a appris qu'ils gagnèrent, par la Colchide les bords de la mer Noire. Comment de là vinrent-ils d'abord en Afrique et puis dans la Péninsule hispanique ? On l'ignore, et nul document à cet égard ne nous instruit. Mais il en est de même des Perses, des Mèdes, des Arméniens et des Chaldéens. Leur émigration se fit-elle par mer en sortant de la mer Noire pour entrer dans la Méditerranée par le Bosphore ? Ou bien toutes ces populations ne se rejetèrent-elles pas sur l'Egypte, pour de là suivre la côte septentrionale de l'Afrique ? Ce sont des problèmes qui restent à résoudre.

Il n'est pas moins incontestable que ces cinq peuplades asiatiques vont être signalées sur le sol africain s'étendant jusqu'aux colonnes d'Hercule, que deux, entre autres, les *Ibères* et les *Perses*, apparaissent sur la terre hispanique, antérieurement aux Phéniciens.

Du mouvement que les *Hyxsos* opérèrent vers l'Egypte, on est amené à penser que l'émigration des peuples du sud du Caucase s'opéra vers la même époque qu'Alexandre de Humbold dans son *Cosmos* (1) fait remonter au vingt-deuxième siècle avant notre ère et Piétrement au vingtième siècle seulement (2).

(1) Alexandre de Humbold, *Cosmos*, t. II, pages 165-254 et note 82, page 528.

(2) Piétrement, *Les chevaux dans les temps préhistoriques*, ch. IX, page 417.

CHAPITRE X

Saluste dit que Perses, Mèdes et Arméniens, après leur émigration, se mêlent aux Gétules au nord de l'Afrique. — Maspéro y signale des Ibères avant les Phéniciens. — Quatre auteurs latins y mettent les *Ibères* en tête des émigrants asiatiques. — Critique du livre de *l'Ibérie* et de la thèse soutenue par M. Graslin.

Si nous voulons nous rendre compte des parties soit de l'Afrique, soit de l'Europe où les groupes asiatiques du sud du Caucase, que nous avons vus repoussés de chez eux, vinrent se fixer, il faut consulter les plus anciens documents historiques connus, en faisant la part de ce qui peut s'y trouver de fabuleux ou d'obscur. L'auteur latin, Saluste, avait eu sous les yeux les livres d'Hyemsal, ancien roi de Carthage, dans lesquels étaient rapportés les faits relatifs aux anciens habitants des bords septentrionaux de l'Afrique. Voici ce que Saluste a écrit : « Ce qu'il y avait de Mèdes, de Perses et d'Arméniens, firent le trajet d'Afrique et occupèrent les lieux les moins éloignés des

6

côtes (1)..... Les Perses pourtant allèrent plus loin..... ; ils se mêlèrent avec les Gétules (aujourd'hui, dit-on, représentés par les *Berbères* des vallées de l'Atlas) et finirent par y mener, ainsi que ces derniers, la vie nomade, d'où le nom de Numides leur fut donné (2)..... Les Perses unis aux Gétules s'accrurent au point qu'ils furent forcés de se diviser, les uns restant en Afrique et les autres cherchant ailleurs de nouvelles terres (3). Ils soumirent plus tard les Lybiens unis aux Mèdes et Arméniens sous la dénomination de Maures et se rapprochèrent du détroit qui séparait l'Afrique de l'Europe (4)..... » Ce ne fut qu'après ce grand mouvement opéré dans ces contrées (*Postea*), dit Saluste, que les Phéniciens cherchèrent aussi à y trouver des points géographiques, pour y établir les factoreries propres à étendre leur commerce (5).

Hyemsal, pas plus que son interprète, ne nous laissent entrevoir, même approximativement, la date de cette émigration des peuples de l'Asie et de leur établissement sur la terre d'Afrique.

(1) Saluste, *Guerre contre Jugurta*, chapitre 47.
(2) Saluste, *Guerre contre Jugurta*, chapitre 48.
(3) Saluste, *Guerre contre Jugurta*, chapitre 50.
(4) Saluste, *Guerre contre Jugurta*, chapitre 49.
(5) Saluste, *Guerre contre Jugurta*, chapitre 51.

Ils ne citent pas non plus les *Ibères* comme ayant pris part ni à ce mélange de tribus, ni à ces luttes. Mais d'une part, l'époque approximative de ces migrations semble devoir coïncider avec celle où les Hycsos se jetèrent sur l'Égypte ; de l'autre, comme nous allons voir les Phéniciens attaquant des *Ibères* au point le plus méridional de la Péninsule, et quatre auteurs latins faire de ces Ibères, mêlés à des Perses, les premiers habitants de l'Espagne, on peut jusqu'à un certain point suppléer au silence qu'Hyemsal et Saluste ont gardé. Si les peuples du sud du Caucase opérèrent leur déplacement à peu près en même temps que les Hycsos opérèrent le leur vers l'Égypte, d'après A. de Humbold ce serait, comme je l'ai dit, dans le vingt-deuxième siècle avant notre ère (1), d'après Piètrement dans le vingtième (2). Les Phéniciens, d'après les plus anciennes traditions, n'avaient commencé leurs migrations et leurs établissements commerciaux que sous l'égide légendaire de Melkart, l'Hercule de Tyr. Or, l'auteur de l'*Histoire ancienne de l'Orient*, Maspéro, après avoir consulté les livres grecs, latins

----

(1) A. de Humbold, *Cosmos*, tome II, pages 163, 254 et note 82, page 528.

(2) Piètrement, *Les chevaux dans les temps préhistoriques*, chapitre IX, page 417.

et arabes va nous apprendre, d'accord en cela
avec Saluste, qu'avant l'arrivée des Phéniciens
en Europe, des peuples asiatiques y étaient établis ainsi que sur la frontière nord de l'Afrique.
Saluste n'y avait vu que des Perses, des Mèdes
et des Arméniens. Les documents que Maspéro
a consultés, tous nébuleux qu'ils sont, y ont
signalé des *Ibères* et une *Ibérie* à la partie la plus
méridionale de la Péninsule dite dès ce moment
ibérienne. Voici ce que Maspéro a écrit :

« L'histoire et les progrès de la colonisation
qui fit de la Méditerranée une mer phénicienne,
ne nous sont qu'imparfaitement connus ; les
documents et les relations que renfermaient à
ce sujet les archives de Tyr et de Sidon sont
aujourd'hui détruits, comme les ouvrages que
les écrivains d'époque gréco-romaine avaient
composés à leur aide. Presque tout ce que nous
savons nous est parvenu sous forme de mythe.
On contait que Melkart, l'Hercule tyrien, avait
rassemblé une armée et une flotte nombreuse,
dans le dessein de conquérir l'*Ibérie* où régnait
Krisaor, fils de Gérion. Il avait soumis, chemin
faisant, l'Afrique, y avait introduit l'agriculture
et fondé la ville fabuleuse d'*Hécatompiles*, franchi le détroit, auquel il donna son nom, bâti
Gadés et vaincu l'Espagne. Après avoir enlevé
les Bœufs mythiques de Gérion, il était revenu

en Asie par la Gaule, la Sardaigne et la Sicile.
A cette tradition d'ensemble qui résume assez
bien les principaux traits de la colonisation
phénicienne venaient s'y joindre mille traditions
locales. ... Partout où les Phéniciens avaient
été, la grandeur et l'audace de leurs entrepri-
ses avaient laissé dans l'imagination des peuples
des traces ineffaçables. Leur nom, leur dieu, le
souvenir de leur domination étaient passés à
l'état de légendes, et c'est avec ces légendes
mêlées de fables qu'on parvient à reconstruire
en partie l'histoire perdue de leurs découvertes (1).

Isolée de tout autre fait consigné dans les
écrits des anciens historiens ou géographes,
cette légende ne suffirait point pour faire donner à la Péninsule le nom caractéristique d'*Ibérie*. Mais quatre auteurs latins nous donnent
comme un fait acquis que les plus anciens habitants de l'Espagne ont été les *Ibères* et les Perses.
Pline nous a dit avec Trogue-Pompée, Varron et
Justin (2) que les premiers habitants de l'Espagne étaient les *Ibères* et que ces *Ibères*, qui vinrent
là, étaient issus des *Ibères* de l'Asie : *in univer-*

(1) Maspéro, *Histoire ancienne de l'Orient,* pages 233 et
234. Paris, 1876.
(2) Justin, livre XLIV, chapitre Iᵉʳ.

*sam hispaniam M. Varo invenisse iberos et persas
et phœnicas tradit* (1) ; et ailleurs : *iberi hispa-
niœ populi, ab iberis asiœ orti* (2). Justin a sans
doute écrit que l'Espagne avait pris d'abord son
nom d'*Ibérie* du nom du fleuve *l'Èbre* et celui
d'Espagne d'un roi *Hispanus ;* mais on voit que,
Pline, auteur plus sérieux que Justin, non seulement ne s'arrête pas à cette fantastique étymologie et qu'il a voulu la contredire en donnant
pour aïeux aux *Ibères* de l'Espagne les *Ibères* du
Caucase.

J'ai déjà, de la page 55 à 63, assez longuement
combattu cette étymologique conception pour ne
pas fatiguer le lecteur par une nouvelle explication à ce sujet.

Dans mon premier chapitre j'ai été aux prises
avec l'auteur de *l'Ibérie* à propos du nom primitif
qu'il a voulu donner à l'Espagne, en la désignant
par le terme *Hispania.* C'est le cas de démontrer
combien son affirmation à ce sujet est erronée.
On a pu déjà juger que si à l'origine des
temps on a vu des *Ibères* d'Asie s'expatriant et
se retrouvant en Espagne, unis aux Perses ; s'ils
y sont signalés par des auteurs divers, soit
grecs, soit latins, et cela à l'origine des temps,

(1) Pline, page 34, ligne 13, édition Lyon, 1563.
(2) Pline A la table, au mot *iberi*, édition Lyon, 1563.

comme y ayant précédé les Phéniciens, il sera
difficile d'admettre que ce nom d'*Ibérie* donné à
l'Espagne a été inventé par les Grecs et que le
nom d'*Hispania* que M. Graslin dit phénicien est
le seul admissible (1), tandis que les Romains ne
reçurent ce nom d'*Hispania*, bien longtemps
après des Carthaginois que sous le titre de *Terre
lointaine* (2). Après avoir consacré tout son chapitre Ier à combattre ce qu'a écrit Trogue-Pompée, disant formellement *que les premiers habitants connus de l'Espagne ont été les Ibères, les
Perses, et puis après eux les Phéniciens, ce qui a
fait donner à l'Espagne le nom caractéristique
d'Ibérie*, il est singulier, pour ne pas se servir
d'une autre expression, de voir M. Graslin écrire
ce qui suit : « Je n'ai donc plus qu'à constater
qu'il n'est nullement étrange qu'un historien
aussi judicieux que Trogue-Pompée ait involon-
tairement transporté en Espagne des traditions
historiques qui ne pouvaient concerner que des
pays asiatiques. » (3)

Ainsi, si Trogue-Pompée signale une *Ibérie*
dans la péninsule hispanique, c'est involontai-
rement qu'il a transporté là des traditions asiati-

(1) Graslin, *Ibérie*, chapitre III, page 84.

(2) Bondard, *Essai de numismatique ibérienne*, chapitre Ier, page 1.

(3) Graslin, *Ibéric*, chapitre Ier, page 54.

ques ; s'il a vu des *Ibères* mêlés à des Perses
près du détroit de Gadés, c'est une distraction.
Notons que cette distraction de Trogue-Pompée
aurait été aussi le fait de Justin, de Varron et de
Pline, voire même de Maspéro et d'autres écrivains modernes déjà cités.

Tous ces auteurs se seraient donc trompés en
donnantà la Péninsule le nom *d'Ibérie* ; et comme les écrivains grecs ne lui ont appliqué que ce
nom et non point celui d'*Hispania*, aux yeux de
M. Graslin tous ces prosateurs ou poètes hellè-
nes n'ont été que des rêveurs, des illuminés.
Strabon lui-même sera fort heureux de trouver
grâce devant lui, car il a écrit : « *Puis après les
Grecs sont venus les Romains qui ont appelé la
contrée tout entière indifféremment Ibérie et
Hispanie.* » (1)

D'après M. Graslin, tous nos historiens et
savants les plus renommés, qui ont vu des
Ibères étendant, dès les temps les plus reculés,
leur domination non seulement en Espagne,
mais sur les Pyrénées et entre la Loire et la
Garonne, n'ont su ce qu'ils disaient, car ces premiers habitants étaient tous *Celtes* ou *Scythes* ;
et quant aux tribus jusqu'ici regardées par tous
les écrivains de l'antiquité, tribus connues

---

(1) Strabon, traduction Tardieu, livre III, tome 1, page 273.

sous le nom de *Ligures*, de *Sicanes*, de *Bebrikes*, d'*Éleusykes* et d'*Euskes*, comme ibériennes, le même M. Graslin, de son autorité, les déclare également celtiques.

Sans m'arrêter plus longtemps à combattre une théorie, qui est en désaccord avec nos plus compétentes autorités historiques, il me reste à démontrer les rapports qui ont existé dans le temps entre les habitants du nord de l'Afrique et les anciens *Ibères*, rapports dont, même de nos jours, il reste encore quelques traces.

CHAPITRE XI

Résumé des preuves à l'appui de cette thèse, que les Ibères
d'Espagne n'étaient autres que des Ibères de l'Asie mêlés aux
Perses et aux Gétules d'Afrique. — Découverte des vieux tombeaux du Tarascon ariégeois ; leur ressemblance avec les sarcophages des Berbères d'Afrique; rapports anthropologiques à
chercher, par la comparaison des crânes découverts à Tarascon
et ceux découverts chez les Berbères.

On a vu dans le chapitre précédent que, d'a-
près Saluste, des Perses (venus de l'Asie occidentale et du sud du Caucase), repoussés de
chez eux par des événements dont j'ai rendu
compte, avaient cherché un champ d'asile en
Afrique ; que là ils s'étaient mêlés aux Gétules,
peuplade africaine, après leur avoir fait la guerre ;
et qu'enfin, confondus avec eux, ils s'étaient
avancés jusqu'au nord de la grande péninsule
européenne. Cette invasion, toujours d'après
Saluste, avait précédé celle des Phéniciens.

Il a été dit également, d'après les anciens
documents légendaires de l'Orient, rapportés
par Maspero, que lorsque le Melkart, ou Hercule
tyrien, voulut attaquer la même péninsule, il
eut à combattre des peuples établis dans cette

contrée, déjà nommée *Ibérie*, ce qui semble prouver que des *Ibères* y dominaient (et j'ai prouvé que des *Ibères* du sud du Caucase, comme les Perses, avaient émigré de leur patrie primitive, sous la même pression que ces derniers).

D'un autre côté enfin Trogue-Pompée, Justin, Varron et Pline nous ont appris que les premiers habitants de cette péninsule furent les *Ibères* et les Perses; et n'oublions point que ces Perses étaient mêlés à des Gétules, dont des congénères étaient restés en Afrique.

De ces faits on peut logiquement déduire que si la péninsule apparaît sous le nom d'*Ibérie*, même du temps du Melkart tyrien, l'*Ibère* y était déjà mêlé aux Perses et aux Gétules, ayant même le pas sur eux, puisque les quatre auteurs latins ci-dessus nommés le placent au premier rang et que le nom d'*Ibérie* est resté à la terre qu'il avait conquise.

Cette *Ibérie*, formée de trois éléments divers, les Grecs en ont révélé le nom dans tous leurs livres; ce même pays, les Phéniciens l'ont nommé plus tard *Hispania* (terre lointaine), encore ce nom ne lui a-t-il été alors donné que par les Carthaginois; mais cette dénomination n'a jamais fait oublier celle d'*Ibérie*, que tous nos écrivains modernes les plus autorisés lui ont conservée.

Au point de vue physiologique et linguistique, que pouvaient être ces peuples venus les uns des vallées méridionales du Caucase, les autres des bords de l'Euphrate, les troisièmes de l'Afrique ? En se mêlant, ces peuples avaient dû confondre leur type et leur idiome. Mais ce qu'il ne faut pas perdre de vue c'est que, lorsque vingt siècles après qu'ils se furent ainsi mêlés, César et Strabon ont signalé une différence notable dans le physique, les mœurs et le langage de cette race, composée de trois éléments divers, sous le nom de famille ibérienne, avec celle des Gaëls venue en Europe de l'Arye asiatique, en suivant la ligne du nord.

L'*Ibère* est signalé au physique comme plus petit, plus nerveux et plus brun que le Gaël et ayant un tout autre langage. Tenait-il ce type de l'Ibère du Caucase, du Perse des bords de l'Euphrate ou du Gétule africain ? Il est naturel et logique de croire que les trois types avaient à la longue fini par n'en former qu'un ayant emprunté le sien propre à chacun des trois. Eh bien, une double science nouvelle, l'anthropologie et la linguistique, va nous venir en aide pour découvrir ce que l'*Ibère* européen tenait du Gétule d'Afrique. En suivant la méthode qui a servi à cette science moderne, peut-être aussi arrivera-t-on à retrouver là les rapports qui ont pu exister

entre l'ancien *Ibère* du Caucase et l'ancien habitant de la Perse, avec ces *Ibères* transplantés
dans la péninsule européenne. Examinons ces
rapports avec l'ancien Gétule, aujourd'hui le
Berbère.

Au double point de vue physiologique et linguistique, laissons s'expliquer nos savants de
l'époque et ne perdons pas de vue surtout que
les anciens Ibères de l'Europe ne sont guère plus
représentés aujourd'hui que par les Basques ou
Euskes du temps de César, confédération qui,
d'après les *Commentaires*, s'étendait alors de
l'Océan en longeant les Pyrénées jusqu'aux vallées vers l'orient de l'Ariège et de l'Aude.

La parole va d'abord être donnée aux anthropologistes, appuyés d'ailleurs sur des écrits, nous
présentant les Ibères ayant abordé en Europe
par l'Afrique et assurant aux Basques, sans hé-
sitation, une origine ibérienne. « Le Basque, dit
l'académicien Davezac, est sans doute un reste
de quelque grande nation effacée ; nous n'hési-
tons pas à reconnaître en lui l'élément ibérien,
population primitive de l'Espagne, soit qu'elle
y fût autochthone, soit qu'elle y fût venue d'A-
frique (1). M. Leplay, un autre érudit, s'explique, au sujet des *Ibères*, en ces termes :

(1) Davezac, *Encyclopédie nouvelle*, Verbo Basques,
tome II, page 471.

« La première population de l'Andalousie, au sud de l'Espagne, dut lui venir d'Afrique, peut-être dans les temps où le détroit de Gibraltar n'avait point encore ouvert une nouvelle voie de communication entre l'Océan et la Méditerranée; peut-être aussi faut il reconnaître dans les Persans indiqués par Varron les plus anciens habitants de l'Ibérie, ainsi que les livres d'Hyemsal, reproduits par Saluste, nous l'apprennent » (1). M. Leplay aurait dû, ce me semble, compléter sa démonstration en disant qu'avant les Perses, comme habitants primitifs de l'Espagne, Varron, aussi bien que Trogue-Pompée, Justin et Pline y avaient placé des *Ibères*. En cela un autre rédacteur de l'*Encyclopédie nouvelle* a été plus explicite que M. Leplay (2). A propos des Berbères d'Afrique, groupés dans les vallées de l'Atlas et jusqu'au Maroc moderne et aux îles Canaries, Davezac, déjà cité, donne pour aïeux à ces Berbères des Gétules, des Mèdes, des Arméniens, des Lybiens et des Perses (3).

(1) F. Leplay, *Encyclopédie nouvelle, Verbo Andalousie*, tome I, page 320.

(2) Pauline Rolland, *Encyclopédie nouvelle, Verbo Asie*, tome II, page 124.

(3) Davezac, *Encyclopédie nouvelle, Verbo Berbères*, tome II, page 606.

Le traducteur de Guillaume de Humbold, A. Marrast, s'occupant de la question anthropologique, s'explique à son tour en ces termes : « A défaut de la linguistique qui ne répond que par le doute ou l'anarchie, dans les opinions, à des questions d'ethnographie, qui dépassent peut-être sa compétence, l'anthropologie, cette science aussi toute récente, présente une solution digne d'examen ; et il poursuit : Le secrétaire de la Société anthropologique de Paris, M. le docteur Broca, a rendu un nouveau service à la science, en enrichissant ses collections de soixante crânes provenant d'un cimetière du Guipuscoa, dans une localité où les Basques, depuis les temps historiques, n'ont subi aucun mélange de race. Ces crânes ont été mesurés et comparés avec diverses séries de crânes de race différente.... Aussi, si l'origine des Basques devait être cherchée en dehors du pays basque, ce ne serait ni parmi les *Celtes*, ni parmi les autres peuples indo-européens qu'on aurait la chance de trouver leurs ancêtres ; et ce serait plutôt vers la zone septentrionale de l'Afrique que les recherches devraient se diriger. Il est assez probable qu'à une époque très reculée, l'Espagne se continuait avec le nord de l'Afrique. On ne devrait donc pas s'étonner de trouver des analogies assez marquées entre les populations primitives de ces deux régions, quand même on ne saurait pas que depuis les temps les plus anciens de nombreuses migrations ont eu lieu, de l'une à l'autre rive du détroit de Gibraltar (1). »

Un autre moderne me paraît plus concluant encore. Il a publié en 1881 un livre consacré à l'homme avant les métaux et il y met en saillie ce qu'ont écrit MM. de Quatrefages et Hami, résumant l'opinion de Broca, au sujet des soixante crânes basques, dans lesquels ils ont reconnu les mêmes caractères que dans les crânes des Gouanches, des îles Canaries, et surtout dans ceux de certains *Berbères*, des *Beni menasser* et des *Djurjura* (2). Cette expression *ben, beni*, dont j'aurai à me rendre compte plus loin, ne doit pas être perdue de vue. Un autre auteur moderne, à qui son travail de recherches historiques fait le plus grand honneur, M. Piétrement (3), s'exprime en ces termes sur le même sujet : « Un type de crânes a été retrouvé de nos jours chez les basques de *Zaraus*, chez les hommes de *Boknia*, près Constantine, et chez certains Kabyles de *Beni menasser* et du *Djur-*

(1) G. de Humbold, *Recherches sur les habitants de l'Espagne*, Marrast, traduction, Avertissement, page 24.

(2) N. Joly, *l'Homme avant les métaux*, page 277.

(3) Piétrement, *Les chevaux dans les temps préhistoriques*, page 98.

jura ; mais c'est surtout par les *Gouanches* des Canaries que ce type semble s'être le mieux conservé, parce qu'il s'y est trouvé à l'abri du métissage. » Ici l'auteur paraît vouloir rattacher ce type, qui semble commun aux Basques et aux habitants du nord de l'Afrique, au type de *Cro-Magnon*. C'est une question que les anthropologistes seuls peuvent résoudre.

Ces mêmes anthropologistes en auront une autre à juger, car des découvertes toutes récentes, et qui sont en train de se poursuivre, sont signalées dans une contrée qui, du temps de César, faisait partie de l'Aquitaine, c'est-à-dire de la confédération euskarienne, où l'on a mis à nu des crânes appartenant à une population bien ancienne, sinon préhistorique. Le sujet vaut la peine que je me permette une digression.

La localité où ces nouvelles découvertes ont été faites est une ancienne petite ville du département de l'Ariège, dont le nom rappelle ceux d'une cité ibérienne, *Tarraco*, et d'un comptoir rhodien, *Tarasco*, sur la rive gauche du Rhône. Cette petite ville qui, après l'invasion romaine, paraît, d'après Danville, avoir été le siège de la tribu narbonnaise des *Tarusconienses*, citée par Pline, est au débouché de deux vallées ouvertes vers l'Espagne et d'un autre à l'ouest tournée vers la Vaskitanie. Là, dans sa partie

supérieure, autrefois enclavée dans des murs
au sein desquels on pénétrait par quatre portes,
dont deux existent encore, des deux côtés
d'une bien ancienne église qui n'offre guère
plus debout que le clocher, sont deux cimetières
depuis plus de dix ans abandonnés. A la droite
et à la gauche du vieil édifice, on a creusé, bien
en dessous du terrain de ces deux cimetières,
deux passages s'ouvrant sur l'ancien fossé de
ville. Il a donc fallu attaquer le terrain des deux
champs de mort et le soutenir par des murs.
Cette opération a mis à découvert, sous les anciens remparts, trois espèces de sépultures présentant des caractères tout à fait distincts. A
deux mètres de profondeur, au-dessous du sol
supérieur, les squelettes y apparaissent renfermés dans des caisses de bois tombées en pous-
sière. A un mètre cinquante en dessous, les
corps s'y montrent sans enveloppe ayant moulé
la terre qui les environne ; mais en descendant
encore d'environ un mètre et demi à deux mètres, les sépultures y présentent un tout autre
aspect.

Jusques sous le sol des deux passages que
l'on a ouvert, se présentent des dalles de schiste
encaissant les squelettes qui, dans ces coffres de
pierre, y sont de toute part enveloppés d'une
couche de terre glaise. D'une première fouille

j'ai obtenu trois crânes parfaitement conservés, sur lesquels je laisserai à l'anthropologie le soin de se prononcer. Mais au-dessous de la tête de l'un de ces corps, une coquille percée de deux trous a été trouvée, et cette particularité m'a paru digne d'attention. Devant cette première découverte, je crus devoir arrêter les fouilles, jusqu'à ce que mon fils, le docteur F. Garrigou, déjà assez connu pour ses travaux paléontologiques, et M. Pasquier, l'archiviste du département de l'Ariège et son plus digne représentant dans le domaine de la science, fussent venus visiter les lieux et faire, sous leurs yeux, continuer les recherches. Des journées y furent consacrées, mais, bien que l'on eût en quelques heures trouvé diverses pièces offrant un grand intérèt, la pluie arrêta le travail commencé. Il est donc à reprendre, et un second rapport bien plus instructif, plus complet sera publié. En attendant, je dois signaler ici le lien qui rattache cette découverte à l'étude qui je poursuis et semble démontrer, comme on va le voir, que des rapports ont existé nécessairement entre les anciens habitants de notre Ariège et ces anciens Gétules de l'Afrique, aujourd'hui les Berbères, ayant dans les temps les plus reculés fait partie de la famille ibérienne, au sujet de laquelle on s'est jusqu'ici si peu entendu.

Un bien honorable militaire de mes amis, M. Brianne, qui avait fait diverses campagnes dans l'Algérie, assistant aux premières fouilles de nos cimetières, et à l'aspect de ces squelettes ainsi renfermés dans ces tombes de schiste mal taillées et superposées, vit là le même caractère des sépultures en usage chez les Berbères de l'Atlas. Il avait été en mesure de se rendre compte en Afrique, sur vingt points différents, de la façon dont ces Berbères ensevelissaient leurs morts. Les cimetières de ces Kabyles avaient été entr'ouverts soit pour l'établissement des blokhaus, ou l'ouverture des routes. Convaincu lui-même comme je le suis que des rapports avaient existé, dans une très haute antiquité, entre les *Berbères* d'Afrique et les *Ibères* soit de l'Espagne, soit de nos Pyrénées, il s'empressa de me faire part de ses impressions, qui certes sont venues à l'appui des faits historiques que j'avais moi-même à mettre en saillie.

Les observations, dont m'a fait part mon honorable ami, sont d'autant plus précieuses qu'elles s'accordent à certains égards avec la relation que l'on trouve dans un livre moderne très complet consacré aux Kabyles. On y lit qu'après de minutieuses cérémonies, dont je n'ai pas ici à rendre compte, le corps du défunt est déposé entre quatre pierres brutes qu'on maçonne (1). Or, il arrive parfois que des parents ou amis du défunt, qui tiennent à revoir l'objet de leurs regrets, font enlever la dalle supérieure qui recouvre la fosse et, après avoir contemplé les traits de celui ou de celle qu'ils ont perdu, font de nouveau remaçonner le rustique tombeau. Ils ne peuvent toutefois remplir ce devoir pieux, sans y être autorisés par les Talbas qui président à l'exhumation et sans distribuer des aumônes (2).

Pour qu'on pût facilement soulever la dalle supérieure du tombeau maçonné, il est à présumer qu'on ne l'enfonçait guère sous le sol. Mais pour empêcher les émanations on recouvrait le sépulcre de terre glaise, et une nouvelle couche de tombeaux s'établissait sur ceux ainsi maçonnés et enduits d'une impénétrable argile.

Les tombeaux ainsi enveloppés et superposés les uns sur les autres, que l'on vient de découvrir dans le vieux cimetière du Tarascon ariégeois, s'offrent à l'œil comme ceux de la Kabylie. La coquille percée, attachée à l'un des treize crânes que j'ai dans ma bibliothèque, ne me permet pas de me rendre à l'opinion de ceux qui ne voient

---

(1) *La Kabylie et les coutumes kabyles.* Hanoteau et Letourneux, imprimerie nationale, 1872, tome II, page 222.

(2) *La Kabylie et les coutumes kabyles.* Hanoteau et Letourneux, imprimerie nationale, 1872, tome III, pages 220 et 221.

dans ces sarcophages que des monuments mérovingiens. Aux anthropologistes maintenant à
décider s'ils voient dans ces détritus humains
des types celtiques ou bien s'il n'y a pas, comme
dans ceux des Basques, des traits de ressemblance avec les crânes africains.

Des rapports anthropologiques semblent donc
avoir existé entre les anciens Gétules mêlés à
des Perses (Berbères de notre époque) et les
habitants de l'Ariège, qui, jusqu'au temps de
César, étaient Vaskitains. Demandons maintenant à la linguistique la confirmation de cette
antique espèce de confraternité entre ces mêmes
Berbères et les habitants des Pyrénées, soit
Ariégeois, soit Basques de nos jours.

CHAPITRE XII

Preuves au point de vue linguistique de l'ancienne confraternité des Berbères de l'Atlas avec les habitants primitifs des Pyrénées. — Rapport d'un ancien magistrat de l'Algérie à ce sujet. — Impressions de même genre éprouvées par un officier d'artillerie qui avait habité longtemps l'Afrique. — Mémoire sur ce même sujet de la Société archéologique du Midi. — Découverte de 80 mots communs aux deux idiomes Basque et Berbère. — Induction à tirer du rapprochement des deux idiomes.

Il semble résulter de l'aperçu anthropologique, dont je me suis occupé dans le précédent chapitre, que la famille primitive des *Basques eusques*, confédération ibérienne, dont les anciens habitants de l'Ariège faisaient partie, avait pu laisser des congénères au nord de l'Afrique et que ces congénères ne seraient autres que les *Berbères* de la Kabylie.

La linguistique, bien que le traducteur de Guillaume de Humbold l'ait un peu calomniée, va nous fournir une nouvelle preuve de cette même parenté de l'*Euske* et du *Berbère*.

Quand j'ai voulu démontrer que les indigènes des vallées ariégeoises avaient eu des rapports assez intimes avec les *Euskes* et cela jusqu'au moment où les romains envahirent l'*Euskarie*, après m'être appuyé sur des documents historiques, j'ai voulu donner plus d'autorité à mes conclusions à cet égard, en recourant à de philologiques comparaisons. L'industrie primitive de toute la chaîne des Pyrénées avait été, à coup sûr, l'industrie pastorale. Les termes qui lui sont propres pouvaient, en comparant ceux du vieux patois ariégeois avec les termes basques , me mettre sur la voie. Je vais en citer ici quelques-uns : *Le champ de pâturage sur la montagne* se nomme chez l'un et l'autre peuple, ORRI ; le *bélier*, chez les deux, MARRA ; le *vase où l'on trait le lait*, chez l'Ariégeois, PEGA, chez le Basque, PEGARA ; *la chaussure du pâtre*, chez le premier, ESCLOTS, chez le second, ESCALAPOINA ; *les bêtes auxquelles on donne du sel* se nomment, dans l'Ariège, GAZAILLOS, du terme GATZA, sel en basque ; *des béliers qui se battent en frappant de la tête,* leur action se dit, dans l'Ariège, TUMA, en basque, TUMATCÉA ; *changer de peau*, chez ces derniers, s'exprime par le mot MUDATCÉA, sur les bords du Sos et de l'Ariège , par le terme MUDA.

Bien d'autres mots basques, comme je l'ai dit ailleurs (1), se trouvent reproduits simultané-

(1) *Vallées ariégeoises avant l'invasion romaine*, page 17. — *Études historiques*, tome 1, page 121.

ment dans nos montagnes et vers les Pyrénées occidentales, et, avec Fauriel, je répéterai : « Ce ne sont pas les premiers qui ont pu inventer ni mettre en usage les noms dont il s'agit : des Basques seuls ont pu le faire et ne l'ont pu qu'à une époque où ils habitaient les lieux où ces mots sont encore en usage..... De là je conclus que la race basque a perdu, même dans les limites de la contrée qui porte son nom, des lieux jadis peuplés et occupée par elle (1). » Et au sujet de ces mêmes Basques, il ajoute ailleurs : « Certains érudits ont regardé les Basques comme également étrangers à l'Espagne et à la Gaule, comme un peuple qui aurait été porté dans les lieux où il est aujourd'hui par le flot des invasions germaniques ; mais c'est une opinion de tout point si anti-historique et si arbitraire, qu'il suffit de l'avoir énoncée, pour être dispensé de la réfuter (2). »

Du rapprochement de ces termes cités plus haut et d'une foule d'autres expressions n'ayant rien de commun ni avec le grec, ni avec le latin, pas plus qu'avec tout autre idiome indo-germanique, j'ai été autorisé à dire que les aïeux du Basque actuel avaient dans le temps occupé

(1) Fauriel, *Histoire de la Gaule méridionale*, tome II, page 344.
(2) Idem, tome II, page 343.

toute la chaîne. La même méthode doit nous amener à reconnaître que si les Basques actuels s'entendent en quelque sorte avec les Berbères, il a dû exister, à une époque antérieure, entre les habitants des Pyrénées et ces peuplades de l'Afrique certains rapports qui semblent leur assigner, si ce n'est une origine commune, du moins une espèce de confraternité. Je vais à ce sujet laisser la parole à deux écrivains de nos jours, dont sur d'autres points on peut ne pas accepter les opinions.

L'auteur des *Origines de la langue française* s'exprime en ces termes : « Tout le monde, dit-il, a compris que chercher l'origine ethnographique des Basques, c'est chercher dans le monde la nation qui parle encore leur langue, ou du moins l'un de ses dialectes. En effet, le jour où l'on rencontrerait quelque part une tribu parlant ou entendant le Basque, cette tribu pourrait être désignée avec certitude comme le tronc d'où le rameau Cantabre (Basque) s'est autrefois détaché, surtout si cette tribu habitait encore un pays comme l'Afrique, du sein duquel une émigration primitive aurait pu arriver en Espagne par des moyens pratiques et naturels. Eh bien ! cette tribu parlant un dialecte compris des Basques de France et d'Espagne, s'entendant sans trop de difficultés dans les relations jour-

nalières de la vie agricole, elle existe : c'est la
grande tribu *Chaonias*, tribu africaine (1), mais
non arabe, établie dans la province de Constantine, au pied des montagnes de l'Aurès.

Le fait est attesté dans la note suivante due à
la bienveillance d'un ancien magistrat ayant
longtemps habité l'Afrique ; et ce fait emprunte
aux détails qui l'accompagnent un degré de pro-
babilité touchant à la certitude (2). »

J'ai cru devoir compléter ce qu'a écrit ce linguiste en donnant ici, *in extenso*, la lettre à lui
écrite, à ce sujet, le 30 août 1870.

« Monsieur, la tribu au sujet de laquelle vous
avez bien voulu me faire l'honneur de m'écrire
est celle des *Chaonias*. Elle est située dans la
province de Constantine à 145 ou 150 kilomètres au sud de ce chef-lieu, entre Lambessa et
Biskara, au pied des montagnes de l'Aurès, chaî-
non détaché du grand Atlas — Les *Chaonias*
sont à une journée de marche de Lambessa —
En 1856, je revenais de Biskara à Constantine,

(1) Léo Lamarque, capitaine d'artillerie, ayant fait bien des
campagnes du côté de ces *Chaonias* avait cru reconnaître dans
ce nom, chez une tribu vivant dans un pays de grottes, une
certaine ressemblance avec le mot *Chaoignos*, grottes dans notre patois.

(2) Granier de Cassagnac père, *Histoire de l'origine de la
langue française*, pages 207, 208.

en compagnie de quelques touristes. Au lieu de suivre la route qui va joindre Batna par El-Cantara et El-Outaia, route véritablement impériale, nous résolûmes de passer par les contreforts de l'Aurès et les ruines de Lambessa, distantes de Batna d'environ 9 kilomètres. Assaillis par des pluies torrentielles, nous dûmes passer 24 heures dans une tribu dont les habitants, sauf quelques-uns sortis de leur pays, marmottaient quelques mots arabes, ne comprenant pas les indigènes qui nous accompagnaient — C'était la tribu des *Chaonias* — Ils débitaient, néanmoins, mais sans plus les comprendre que nos paysans ne comprennent les prières latines, les *rekas* ou versets du Coran. Leur costume était d'ailleurs le même que celui des Arabes purs, et certains avaient un chapelet qu'ils égrenaient, en répétant, à chaque coup de leur pouce chassant un grain devant lui, le mot *Allah*, en arabe *Dieu*. Pendant que nous étions chez les *Chaonias* survint un officier supérieur fort distingué, M. le colonel Sérou, qui a depuis commandé la subdivision de Batna et qu'avait attiré ma présence dans cette tribu. Il me raconta que les *Chaonias*, qui ne comprenaient pas les Arabes et que les Arabes ne comprenaient pas, s'entendaient avec les bucherons basques, qui travaillaient dans la forêt de Batna, et il avait compté sur moi pour le renseigner exactement à cet égard. Malheureusement, quoique mon nom et mon origine fussent tout à fait basques, je ne savais pas le premier mot de la langue de mes pères. Plus tard, dans les longues années que j'ai passées à Constantine, le même fait m'a été affirmé par un grand nombre de personnes, notamment par des officiers chargés d'attributions politiques dans le pays, et en dernier lieu par un entrepreneur de travaux publics et un agent des finances, basques tous les deux. Il va sans dire que les deux idiomes n'étaient pas les mêmes, mais que leurs affinités donnaient à des individus d'origine si opposée les moyens de s'entendre dans une certaine mesure. »

V^{or} DE HARAMBURE,
ancien Procureur impérial à Constantine.

La conséquence naturelle de cette lettre serait donc que, dans le passé, des rapports auraient existé entre les Basques et les *Chaonias* d'Afrique.

Il n'est pas, je crois, hors de propos de rappeler ici les impressions analogues qu'avait reçues de l'idiome des Berbères modernes le même officier du 12ᵉ d'artillerie (1), qui a écrit en 1841 un livre sur l'Algérie et qui depuis avait passé les

_____

(1) Léo Lamarque, capitaine d'artillerie au 12ᵉ régiment. *De la conquête et de la colonisation de l'Algérie.* Paris, Ancelin, 1841.

derniers dix ans de sa carrière militaire à parcourir cette contrée dans bien des parties. Plusieurs des termes des dialectes berbères, m'assurait-il, avaient des rapports plus ou moins sensibles avec le patois de nos vallées ariégeoises. Je regrette que ma mémoire n'ait pas conservé plusieurs de ces expressions caractéristiques appliquées à des usages vulgaires, relatifs à l'agriculture ou à l'industrie pastorale.

Toutefois, il m'assurait que le nom de trois villages du canton de Tarascon, entre autres, *Gourbit, Banat, Rabat* se retrouvait dans la géographie berbère. Il avait été aussi frappé de l'analogie d'un terme *tyra, tyrsa* ou *tyria*, signifiant canard, chez une tribu du Djurjura et *tyrou* dans notre Ariège, rappelant, disait-il en riant, peut-être la désignation des Tyriens, peuple nautique et renommé à cause de ses navales explorations. Un autre terme, *harri*, employé par nos paysans de la montagne, pour presser la marche trop lente d'une bête de somme, est aussi en général chez les Berbères l'expression en usage.

Nous avons déjà vu que ce ne sont ni les Basques, ni les autres peuples des Pyrénées qui ont porté ces germes de leur langue dans les vallées de l'Atlas, mais bien plutôt que les habitants de l'isthme pyrénéen, avant l'époque historique, s'étaient séparés de ceux qui parlaient en Afrique l'idiome des *Chaonias* et des autres tribus berbères, primitivement fixées là, sous le nom de Gétules.

Un autre érudit de notre époque a aussi voulu faire la comparaison du langage basque avec celui des berbères. Je dois à son extrême bienveillance une explication qu'un travail encore sous presse, et dont il m'a promis la communication, rendra plus complète. Pour l'instant je dois me borner à donner ici un premier compte rendu de la Société archéologique du Midi de la France, au sujet de l'étude philologique que ce savant, M. Gèze, lui a présenté.

« M. Gèze, appelé par l'ordre du travail, lit un mémoire sur les rapports qu'il a remarqués entre les langues berbères et la langue basque.

« Il rappelle, d'après Le Normand, que les peuples Lybiens et Berbères descendent de Povs, troisième fils de Cham et ont occupé toute la partie septentrionale du continent africain, depuis le voisinage de l'Égypte jusqu'à l'Océan et jusqu'aux îles Canaries, et qu'ils reçurent à une époque ancienne une forte infusion de la race blanche par la grande invasion maritime des Zambou.

« Les rares inscriptions de leur ancienne langue suffisent à montrer que les dialectes de la

langue berbère actuelle dérivent de cet idiome.
Ils ont subi pendant la période moderne l'influence de la langue arabe et ont eu de tout
temps de grandes affinités avec les langues sémitiques. Ils n'ont aucun caractère grammatical
commun avec la langue basque, bien que les
deux langues se soient arrêtées dans leur développement à cette limite assez indécise, qui
sépare l'état agglutinant de l'état de flexion, et
on ne peut la rattacher à une origine commune.
Mais les vocabulaires présentent au contraire
un assez grand nombre de mots à peu près
semblables, et ce nombre serait probablement
plus considérable si les dialectes berbères
étaient mieux connus. M. Gèze cite et compare
environ quatre-vingts de ces mots analogues. Il
dit que ces rapports sont trop nombreux pour
pouvoir être attribués au hasard ; que, d'après
Young, huit mots communs à deux langues
suffisent à donner, à peu près, la certitude qu'ils
ont appartenu primitivement à un même langage ; et que, lorsque ce fait se produit dans
deux familles de langues complètement étrangères l'une à l'autre, il est permis de le considérer comme une preuve certaine de communication. Ainsi, on peut conclure que les Berbères
et les Basques ont eu, à une époque excessivement reculée, des relations nombreuses et

suivies ; et il convient de rappeler que les diverses hypothèses sur l'origine des Basques s'accordent ainsi, pour établir qu'ils ont occupé une surface très étendue de l'ancien Continent (1). »

On peut donc, de plus belle, conclure de ces quatre-vingts mots berbères, se rattachant à l'idiome des Basques, qu'habitants des Pyrénées et Berbères avaient eu dans le passé des relations assez intimes. Il me reste à chercher à quelle langue primitive pouvait se rattacher cet idiome parlé, à l'origine des temps, en Afrique et qui était compris par les populations ibériennes des Pyrénées.

C'est encore une dissertation linguistique qui devient nécessaire.

(1) Archéologie du Midi de la France, séance du 14 mars 1882.

CHAPITRE XIII

On a prétendu que l'idiome basque n'avait d'analogie avec aucune langue connue. — Des faits ont, semble-t-il, prouvé que cet idiome se rattachait à celui des Berbères d'Afrique. — En portant son attention sur ce dernier, on trouve des motifs pour le relier à celui parlé par les anciens peuples du sud du Caucase. — Preuves à l'appui du caractère sémitique de ces peuples. — L'idiome des Berbères et par conséquent celui des Basques devaient tous deux avoir dans le passé un caractère sémitique.

On a prétendu que l'idiome basque ne se rattachait à aucune langue connue; et je dois répéter que d'après les auteurs modernes, les plus autorisés, le basque n'est autre que le langage de l'ancien *Ibère*. Il fallait pourtant que cet idiome vînt de quelque part. Chose singulière, ceux-là même qui ne voient dans les *Ibères* que des rejetons de la souche indo-germanique avouent que l'idiome ibérien n'a rien de commun avec la langue de ces indo-germains. C'est une inconséquence, dont en passant je prends acte, contre les divagations auxquelles on s'est livré, pour prouver que l'*Ibère* était Aryen.

Devant les faits mis en saillie, dans le chapitre qui précède, il sera assez difficile de nier qu'il n'ait existé dans le temps des rapports linguistiques entre les habitants des Pyrénées et ceux du nord de l'Afrique. De qu'elle contrée sont sortis ces derniers ? Saluste, d'après Hyemsal, a signalé en Afrique des Perses, des Mèdes, des Arméniens, des Chaldéens et des Gétules. On sait, à n'en pouvoir douter, que les quatre premiers de ces groupes étaient venus là, du sud du Caucase, et nous allons voir bien de sérieux auteurs modernes les donner comme usant de l'idiome sémitique. Les Gétules arabes, dit-on, pouvaient avoir aussi été portés là en même temps que ces groupes, comme eux, Sémites. L'idiome sémitique divisé, si l'on veut, en plusieurs dialectes dut donc se naturaliser au nord de l'Afrique.

Trogue-Pompée, Warron, Justin et Pline ont signalé à leur tour des *Ibères* au sud de la Péninsule. Pline nous dit très clairement que ces *Ibères* étaient sortis de l'*Ibérie* caucasique touchant à l'Arménie, *Ibérie* à laquelle était jointe l'Albanie où, d'après Strabon, se parlaient vingt-six dialectes.

D'après Saluste, les Perses et les Gétules ayant abordé le sud de la Péninsule s'y trouvèrent nécessairement mêlés avec les *Ibères*, et nos quatre auteurs latins placent ces *Ibères* au premier rang de ces émigrants venus en Espagne.

D'autre part, Maspéro met les *Ibères* en lutte
là avec des Phéniciens parlant aussi l'un des
dialectes sémitiques.

L'idiome de l'*Ibère* ne pouvait donc que se
confondre avec celui de tous ces émigrants sortis comme lui du sud du Caucase ; et le basque
moderne étant reconnu aujourd'hui comme
l'idiome parlé en Espagne, jusqu'à l'invasion
romaine, ayant actuellement des rapports avec
celui en usage au nord de l'Afrique, on ne peut,
à moins de nier les faits les mieux établis,
s'empêcher d'admettre que l'origine de l'idiome
basque a dû se rattacher à celle de tous les
dialectes du sud du Caucase, que nous allons
voir sémitiques, en dépit de tout ce que l'on a
écrit pour lui enlever ce caractère philologique.

Pour contredire ce qui est ainsi précisé, on
soutient que le basque moderne n'a rien aujourd'hui qui le rattache à l'idiome sémitique.
Cette objection pourrait avoir quelque portée si,
d'une part, l'*Ibère*, en venant en Espagne, y
avait seul établi sa langue, celle qu'il avait portée de l'Asie caucasique ; et d'autre part, si des
modifications à l'infini, durant quatre mille ans,
n'avaient pas dû changer peut-être du tout au
tout l'idiome en usage sur les bords du *Cyrus* et
de l'*Aragus*, au voisinage desquels vingt-six dialectes étaient en usage. Mais si nous découvrons

dans l'idiome du berbère qui s'entend aujourd'hui encore avec le basque, pour certains besoins usuels, quelques traits caractéristiques de l'ancien langage des peuples du sud du Caucase, on devra convenir que puisque, entre le basque et le berbère, on reconnaît aujourd'hui une certaine parenté, il est plus que probable que la langue actuelle du basque se rattachait également à celles des peuples de l'Asie au sud du Caucase, connus sous le nom de *Sémites* et parlant divers dialectes.

Consultons quelques autorités pour savoir d'abord quelles nations ou groupes usaient de l'idiome sémitique, sans perdre de vue cette diversité de dialectes.

Le savant et judicieux Littré place dans cette catégorie les *Babyloniens*, les *Chaldéens*, les *Hébreux*, les *Phéniciens*, les *Samaritains*, les *Syriaques* et les *Ethyopiens* (1). D'après Moke, et bien d'autres modernes, l'*Hébreu* avait une grande affinité avec le *Finnois*, idiome sémitique qui lui-même présente, à certains égards, quelque analogie avec le basque (2). Klaproth dit que les langues caucasiennes ressemblent principalement aux racines finnoises et que

(1) Littré, dictionnaire, *Verbo Semites.*
(2) Moke, *Histoire des Francs*, tome I, pages 43, 123, 194, 189.

l'*Arménien* a beaucoup de rapport avec le *Finnois* (1). Moke n'hésite pas à regarder Finnois et Ibères comme étant de souche sémitique, ainsi que les Perses (2). Ce terme de sémitique, appliqué à un idiome en usage dans l'Asie occidentale, limitrophe de l'Arabie, a donné lieu à bien des contradictions. Il n'entre pas dans mon sujet d'étudier à fond la question linguistique et celles accessoires qui s'y rattachent. Qu'il n'y ait eu dans le principe, à l'origine des temps, qu'une seule langue et que les idiomes divers dont on a suivi la trace n'aient été que des dialectes de cette langue, je laisse à d'autres le soin de le déterminer. Ce qu'il m'importe ici de préciser c'est la différence remarquée par les anciens auteurs dans le langage des émigrants asiatiques, venus en Europe par le nord et de ceux venus par l'Afrique. Le savant de Brotonne a eu beau rattacher l'*Ibère* à l'émigration gaëlique, trop de preuves existent démontrant que l'*Ibère* est arrivé en Europe par l'Afrique, pour qu'on puisse partager son sentiment à cet égard. Il est du reste si hésitant lui-même, en ne voyant dans cet ancien peuple caucasique qu'un rameau celtique

(1) Klaproth, *Asia polyglota*, page 187.
(2) Moke, *Histoire des Francs*, tome I, pages 219, 220.

ou scythique (1), qu'ailleurs il est forcé de voir dans les anciens *Ibères* remplacés par les Géorgiens un rameau sémitique (2).

Si, au point de vue linguistique, nous cherchons maintenant à nous rendre compte de l'idiome primitif auquel la langue des Berbères se rattachait, il faut laisser parler des hommes spéciaux qui ont pu faire une étude particulière des mœurs et dialectes des habitants modernes de l'Atlas. Voici ce qu'en disent le général Haneteau et son collaborateur Letourneux, dans leur si complet ouvrage sur la Kabylie : « La question du classement de la langue berbère n'a pas été encore résolue par les philologues. Tout ce qu'on peut dire, dans l'état présent de la science, c'est que, si la langue des Berbères n'est

---

(1) De Brotonne, *Histoire de la filiation et des émigrations des peuples*, tome I, pages 68, 292, 295, 299, 300, 302, 308. Si Schœpflin n'est pas de son avis, il le combat, tome I, page 309 ; il dit les Ibères d'origine septentrionale ; et après l'assurance qu'il nous a donné que la famille celtique comprenait l'Ibère, dans un tableau figurant tome II, page 397, il comprend l'*Ibère* dans la tige Armeno-Persane.

(2) De Brotonne, *Histoire de la filiation et des émigrations des peuples*, tome I, page 143. Il regarde comme *Arméniens*, c'est-à-dire *Sémites*, Syriens, Assyriens, Chaldéens, Arabes, Phéniciens, Juifs, Abyssiniens et colons Arabes. Il nous dit ailleurs, tome II, pages 350 et 351, que le Géorgien (ancien Ibère), s'écrit de droite à gauche comme l'Hébreu, l'Arabe, le Perse et l'Arménien, ce qui est le caractère propre de l'ancien idiome sémitique.

pas sémitique, elle a subi au moins une influence sémitique considérable (1). »

Ne sera-t-on pas donc autorisé à soutenir que puisque le basque a quelques rapports avec l'idiome berbère, il a également subi plus ou moins la même influence sémitique, alors qu'on s'accorde à reconnaître qu'il diffère des langues germaniques et tient également du Finnois.

S'il restait un doute au sujet de la parenté de l'idiome berbère avec celui anciennement en usage chez les *Sémites* du sud du Caucase, une désignation géographique très caractéristique et propre aux deux familles serait de nature, sinon à faire disparaître ce doute du moins à le bien affaiblir.

Nous trouvons le nom de bien des tribus de l'Atlas précédé d'un préfixe caractéristique, le *Ben* ou *Beni* signifiant enfants (2). Pour me borner à quelques groupes, je citerai les *Beni-Abbas*, les *Beni-Sedka*, les *Beni-Orguen*, les *Beni-Alï* ou *Hazoun*, les *Beni-Bel-Cacen*, les *Beni-Yenni* etc. (3). Si nous trouvons une expression analogue soit chez les plus anciennes tribus signa-

---

(1) *La Kabylie et les coutumes Kabyles*, Haneteau et Letourneux, tome I, page 306.

(2) Moke, *Histoire des Francs*, tome I, page 209.

(3) *La Kabylie etc.*, Haneteau et Letourneux, tome III, page 453.

lées au nord de l'Afrique et au sud de l'Espagne, soit chez les plus anciens peuples du sud du Caucase, nous serons amenés à reconnaître entre tous ces groupes une certaine communauté d'origine.

Entre autres, le Fes de nos jours avait nom *Beni-el-Afgah* ; le Maroc se désignait par *Beni-Ouathas* ; le Badajos se retrouve dans le *Beni-el-Aftas*, le Tolède, dans le *Beni-Dzinum* (1). Le *Beni-Amites* et *Beni-Minia* tenaient à l'Hébreu (2). L'Égypte avait le *Beni-Asson*. Le *Beni-Sinef* (3), un autre *Beni-Hessau* entre les ruines de Thèbes et le Caire, puis enfin le *Beni-Yerbou* (4). En feuilletant bien d'autres documents historiques, il serait facile de retrouver le même préfixe attaché à des tribus sémitiques, les unissant dans la plus haute antiquité à nos Berbères et par suite aux populations ibériennes et euskes.

S'autorisant de traditions génésiaques et de ce que Josephe fait descendre les Ibères d'Asie de Thobelus, fils de Japhet (5), il en est qui ne

---

(1) *Encyclopédie nouvelle, Verbo Afrique*, tome I, page 608.

(2) Josephe, *Histoire des Juifs*, pages 49, 205, 209.

(3) Maspèro, *Histoire ancienne de l'Orient*, page 107.

(4) Piètrement, *Les chevaux dans les temps préhistoriques*, pages 420, 463.

(5) Josephe, Locution citée, page 18.

veulent pas voir dans ces Ibères des Sémites.
Mais Klaproth faisant des populations caucasiques (Perses, Mèdes, Arméniens), des peuples
dont l'idiome ressemble aux racines finnoises
reconnues assez généralement comme sémitiques, on ne doit pas, ce me semble, s'en tenir à
de vagues et problématiques déductions, alors
qu'un linguiste, aussi savant que l'auteur de
l'*Asie Polyglotte* (1), penche pour un avis contraire, et que Moke regarde aussi les Perses même
comme Sémites.

De ce que l'idiome basque de nos jours ne
répond à aucune des règles de l'ancienne langue
sémitique, règles soumises, comme on le prétend,
à des suffixe, agglutinement, flexion, sur lesquels les grammairiens s'appuient, est-on autorisé
à conclure qu'elle ne tenait à aucun idiome primordial? On lui refuse généralement le caractère
indo-germanique, et je dis généralement, car le
seul, M. Graslin, la traite de celtique, faut-il encore qu'elle soit sortie de quelque part; et
puisque l'*Ibère* a paru sur le sol de l'occident
Européen en compagnie des Perses, se servant
de l'idiome sémitique, ainsi que les divers peuples du sud du Caucase, d'où ces *Ibères* sont
sortis, on ne peut voir dans ceux-ci que de vrais
Sémites.

(1) Klaproth, Locution citée, page 187.

Je borne ici cette causerie philologique peut-être déjà trop prolixe.

Tous les faits groupés assez confusément, dans les chapitres qui précèdent, ont besoin, pour que rien n'échappe à l'attention du lecteur, d'être remis en saillie dans un tableau succint. C'est par là, sans doute, que je devrais finir. Mais il ne faut pas oublier que je ne me suis occupé ici des *Ibères*, que parce que leur passé se lie intimement à l'histoire des anciens habitants de nos vallées ariégeoises et du reste des Pyrénées à l'occident des Corbières. On devra donc me pardonner de faire précéder ce dernier tableau de ma réponse à diverses nouvelles critiques dirigées contre mes vieux Sotiates de l'*oppidum* de *Houïch*. Des contemporains pourront de nouveau me jeter la pierre ; mais j'ai la confiance, tout imparfaits et quelquefois par trop rustiques que sont mes écrits, que soit au sujet des limites de l'Aquitaine avant César, soit de mes *Euskes ariégeois*, un jour les vrais savants diront : « Ce vieux entêté de Sotiate, fort du témoignage de l'académicien Lancelot, avait dix fois raison, en luttant contre une myriade d'écrivains modernes et même contre des érudits renommés, dont, on va le voir, une tête couronnée avait mis à contribution la science, pour rattacher à son nom le nom illustre de César.

CHAPITRE XIV

On a voulu ôter à nos vallées ariégeoises leur qualité aquitanique ou ibérienne pour soutenir que les *Sotiates* aquitains n'avaient pu habiter ces vallées. — Pompée, prétend-on, quinze ans avant la venue de César dans la Gaule, avait réuni à la province romaine tout le pays qui s'étend depuis *Lugdunum Convenarum* jusqu'à la mer Méditerranée. — Réponse à cette critique, en m'appuyant des termes, on ne peut plus clairs de César et de Strabon. — Lettre d'Henri Martin, trouvant ma réponse très concluante.

Les historiens de Languedoc, Adrien de Valois et de Marca avaient d'avance, s'appuyant, comme je l'ai fait moi-même, sur les textes de César et de Strabon, déterminé à peu près les limites de l'Aquitaine, avant l'invasion romaine de l'an 58 (avant notre ère). Dans une première publication (1) je croyais avoir prouvé très clairement que la limite orientale de l'Aquitaine, d'après César , était à un point limitrophe du territoire de Toulouse, Carcassonne et Narbonne, puisque d'après les *Commentaires* une tribu aquitanique, les *Sotiates* , était limitrophe (*finitima*)

(1) *Études historiques sur le pays de Foix et le Couserans* ; *Les Sotiates*, 1856.

du territoire de ces trois villes. Strabon me donnait aussi la même limite orientale des Euskes ; il l'a placée, en effet, à ce point où des contreforts des Pyrénées se détachent à angle droit de la chaîne, pour courir vers le nord et s'unir aux Cévennes. Ces contreforts ne sont autres que les Corbières. L'Institut, en 1856, n'avait pas, semblait-il, désapprouvé cette utile délimitation et les conséquences que j'en tirais par rapport à mes Sotiates.

Des publications diverses l'attaquèrent, néanmoins, la disant fantastique, et plusieurs écrivains modernes, sans se donner la peine de fouiller dans le passé, et se copiant servilement les uns les autres, me jetèrent la pierre avec assez peu de tolérance.

Un Congrès archéologique eut lieu à Albi et Rodez. Je crus devoir, dans l'intérêt de la vérité historique, lui adresser un nouveau travail sur cette délimitation si intéressante pour l'histoire de nos contrées méridionales (1). Mes contradicteurs, réunis là en aréopage, ne firent aucun cas de cette nouvelle étude, ou plutôt l'oracle du moment, à qui j'avais très respectueusement fait observer qu'il avait fait un no-

---

(1) *Études historiques sur le pays de Foix et le Couserans ; Limites de l'Aquitaine avant César*, 1863.

table contresens en traduisant César, chercha
dans son *Archéologie Pyrénéenne* (1) à battre en
brèche ma délimitation et mes Sotiates.

L'*Histoire de Jules César*, par Napoléon III,
parut à son tour, reproduisant de plus belle les
erreurs si préjudiciables à nos monographies
méridionales, erreurs par moi signalées. Je
n'hésitai pas à reprendre la plume, bien que je
fusse convaincu d'avance que le manuscrit, que
j'adressais à l'Institut, examiné sans doute par
les inspirateurs de l'œuvre soi-disant impériale,
serait mis en oubli (2).

Mes *Vallées ariégeoises avant l'invasion romaine* (3) répondaient à l'historien impérial;
mais de nouvelles critiques plus ou moins
franches, si je gardais le silence, donneraient à
penser que je n'ai rien à leur opposer. Voici
ma réponse à l'une des attaques les plus sérieuses.

Pompée, dit-on, quinze ans avant l'arrivée de
César dans la Gaule, avait réuni à la province
romaine tout le pays à la droite de la Garonne,
depuis *Lugdunum Convenarum* jusqu'à la mer
Méditerranée, soit la plaine, soit la partie monta-

(1) Dumège, *Archéologie Pyrénéenne*.
(2) Manuscrit en réponse à la *Vie de Jules-César*, par
Napoléon III. 1869.
(3) *Vallées ariégeoises avant l'invasion romaine*, 1882.

gneuse. Ainsi, tout le *Comminges*, le *Couserans*, le *Pays de Foix*, le *Kercorb* et le *Rasez*, noms de ces provinces au moyen âge, n'avaient sous César plus rien d'aquitanique, d'ibérien. Par conséquent j'avais le plus grand tort de vouloir placer les Sotiates, peuple aquitain, dans les *Vallées de l'Ariège* ; et la conséquence forcée de cette argumentation est que les Sotiates habitaient, d'après les uns, *Condom*, d'après les autres, *Lectoure*. Enfin, d'après le plus grand nombre, le *Scitium* du *Bazadais*, nommé *Sos* sept ou huit siècles après César, localité s'éloignant de l'Espagne.

Cette fois, j'en demande pardon à la critique. Jusqu'ici, je m'appuyais des historiens de Languedoc, d'Adrien de Valois, de Marca, quant aux limites de l'Aquitaine, et de l'académicien Lancelot quant aux Sotiates ; mais voici un écrivain moderne, sans contredit le plus compétent, qui me vient en aide. Ce n'est rien moins que notre grand historien Henri Martin.

Mon fils, le docteur F. Garrigou, avait composé un grand travail scientifique sur les anciens thermes Onésiens (Luchon). Un chapitre devait être consacré au passé de ces thermes. Je lui prêtai le secours de ma plume dans cette tâche, et notre besogne faite, nous crûmes devoir, avant l'impression, la soumettre au grand historien. Pouvions-nous choisir un critique plus judicieux? Qu'il me soit permis de me faire un trophée de sa réponse. Elle est, du reste, d'autant plus impartiale qu'à côté de l'approbation formelle donnée par lui à ce nouveau travail, il n'a pas hésité à me signaler une erreur étymologique, que je me suis empressé de corriger, comme on l'a vu, dans l'avant-propos, en tête de mon présent écrit.

Pour que le lecteur puisse, à son tour, être juge de la question, qui du reste se rattache à mon sujet, qu'il me soit permis de reproduire ici le second chapitre de la monographie de Luchon, en le faisant suivre de l'appréciation de M. Henri Martin (1).

Situation géographique de Luchon et limites de l'Aquitaine avant la venue de César dans la Gaule.

La situation géographique des thermes Onésiens et du territoire politique auquel ils appartenaient a donné lieu à des discussions qui durent depuis deux cents ans.

Quelques auteurs ont prétendu que le pays situé près des sources de la Garonne faisait déjà partie de la province romaine depuis le temps où

(1) *Monographie de Bagnères-de-Luchon*, F. Garrigou, Paris, Masson, 1872.

Pompée était en lutte en Espagne contre Sertorius; que là, sur le sommet des Pyrénées, se forma dès cette époque la tribu des *Convènes*, alliée ou soumise aux Romains, d'où ils tirent la conséquence que tout le pays qui s'étend de la rive droite de la Garonne à la Méditerranée vers le levant avait été déjà, sous Pompée, annexé à la province et ne faisait plus qu'un avec elle. D'autres, en partageant ce sentiment, vont plus loin encore et soutiennent, mais sans s'autoriser d'aucun titre pris des anciens historiens ou géographes, que jamais le pays des *Convènes* n'avait appartenu à l'Aquitaine, et que ce fut seulement sous Auguste que cette zone y fut annexée.

En opposition à ces derniers, il en est qui ont avancé, avec plus de raison, que l'Aquitaine ne s'arrêtait pas du côté du Levant à la rive gauche de la Garonne; qu'elle s'étendait au delà de cette rivière jusqu'aux Corbières; que le pays compris entre ce fleuve et cette chaîne de montagnes, aquitanique avant Auguste, fut réduit sous la domination des Romains par Crassus, lieutenant de César; que le nom de *Convènes* n'était pas connu au moment où les Romains se rendirent maîtres de cette contrée; qu'il y avait à cette époque des *Garumni* seulement dans la partie considérée comme occupée par les *Convènes*, et que, suivant toute apparence, sous

Auguste, le nom des premiers fut simplement substitué à celui des seconds.

En présence de cette divergence d'opinions, consultons nous-même les sources où ont dû nécessairement puiser ces divers commentateurs, qui sont si peu d'accord entre eux, et regrettons que les corps savants de notre Midi surtout n'aient pas jusqu'ici songé à ouvrir un tournoi où cette question très intéressante de l'histoire méridionale pût être clairement posée, examinée et résolue.

Suppléer autant que possible à cet examen scientifique n'est pas ici un hors-d'œuvre ; l'histoire de la contrée où étaient situés nos anciens thermes Onésiens ne pourra être bien comprise que lorsque cette lacune sera remplie.

A mon avis, ceux qui soutiennent le premier système ont confondu les époques et n'ont tenu compte des termes formels de César et de Strabon qu'en les torturant. Ils ont aussi interprété assez légèrement le texte d'un Père de l'Eglise, à qui ils font dire tout autre chose que ce qu'il a dit.

Occupons-nous d'abord de la fausse interprétation de ce texte dont quelques modernes se font un étai.

Saint Jérôme, en 406 de l'ère chrétienne, écrivant contre un hérésiarque de son temps,

Vigilance, né à *Calagurris* sur la Garonne (Mar-tres-Tolosanes), ou bien plutôt à *Calagorra* en Espagne, patrie de Quintilien, disait : « Il mêle le poison de ses perfides doctrines..... à celles de la foi catholique, ce Quintilien muet (1), issu de cette race de voleurs et de vagabonds réunis, que Cgneius-Pompée, après avoir soumis l'Espagne et pressé d'aller jouir des honneurs du triomphe, plaça au sommet des Pyrénées et rassembla dans un *oppidum* qui reçut de cette circonstance le nom de la cité des *Convènes*. C'est de là, poursuit-il, que ce rejeton des Vel-tons, des Arbaces et des Celtibériens exerce ses fureurs contre l'Eglise et arbore, non point les bannières de la croix, mais celles de Satan (2). »

Que conclure de ce document ?

Que Pompée, faisant la guerre sur les bords de l'Èbre, en chasse un ramas de bandits, les repousse vers les sommets des Pyrénées et les force à chercher un refuge dans l'*oppidum* eusko-celtique de *Lugdunum* (aujourd'hui Saint-Ber-trand), cité qui, de la circonstance de cette

---

(1) Le terme de Quintilien muet, dont se sert saint Jérôme, et la lettre qu'il écrivit à son sujet à l'évêque de Tarragone doi-vent nous porter à croire que Vigilance était Espagnol. (Voyez *Lettres de saint Jérôme*, édition de Grégoire et Colombet, tome I, note, page 533.)

(2) *Saint Jérôme*, tome IV, 2ᵉ partie, pages 281-282.

invasion, prit, on ne sait trop quand, le nom de *Convènes* (1).

Telle est l'interprétation naturelle, dictée par le bon sens, que l'on peut donner au texte de saint Jérôme. *Mais, peut-on, avec quelque fondement, conclure de cette citation :*

1° Que tout le pays qui s'étendait de la source de la Garonne à la Méditerranée vers l'Orient n'était pas aquitanique et faisait déjà partie de la province Romaine ?

2° Qu'à dater de cette époque, le nom de *Convènes* s'appliqua à tout le pays connu plus tard sous la dénomination moderne de Comminges ?

3° Que *Lugdunum Convenarum*, nom qui accuse quelque chose de celtique, avait été fondé par Pompée ?

4° Que si le pays qui est à la droite de la Garonne a été aquitanique après Auguste, il ne l'était pas auparavant ?

Ce sont pourtant ces déductions que bien des écrivains de nos jours, se copiant les uns les autres, ont acceptées. Ils n'ont pas sans doute remarqué que leur interprétation met saint Jérôme en contradiction avec César et Strabon, et qu'eux-mêmes se trouvent en opposition mani-

---

(1) *Convenœ*, étrangers venus avec d'autres (d'après Pline, Ammien Marcellin, Solin). Voyez le *Dictionnaire latin* de Quicherat, V° *Convènes*.

feste, non seulement avec ces deux écrivains de l'antiquité, mais encore avec les plus logiques et sans contredit les plus éclairés de nos historiens méridionaux : Adrien de Valois, D. Vic, D. Vaissette et de Marca.

Ils sont en contradiction avec D. Vic, D. Vaissette et avec Adrien de Valois, car nous lisons à ce sujet dans l'*Histoire de Languedoc*, ce qui suit : « Il n'est pas certain que le pays de Comminges fît partie de la province romaine du temps de Pompée, parce que ce capitaine força une troupe de montagnards d'Espagne à s'y établir; car Pompée peut avoir obligé ces montagnards à se réfugier dans ce pays, quoique dépendant de l'Aquitaine, comme M. de Valois l'a fait voir (Notice, page 157 et suiv.), et les Aquitains, quoique libres et indépendants, peuvent les avoir reçus chez eux, soit de bon gré, soit par la crainte de s'attirer les armes de ce général (1). »

Ces historiens, prudents dans tout ce qu'ils avancent, ne donnent un fait comme incontestable que lorsqu'ils peuvent s'étayer sur des preuves matérielles.

On voit ici que leur bon sens se révolte contre

(1) Paya, *Histoire générale de Languedoc*, tome I, page 291.

la fausse interprétation donnée par quelques
critiques, leurs devanciers, au texte de saint
Jérôme.

Ils croient si peu que la rive gauche de la
Garonne ait été la limite orientale de l'Aquitaine,
qu'ils ne sont pas éloignés de penser qu'il y avait
bien plus à l'Orient une tribu aquitanique, les
Sotiates, sur les bords du *Sos*, petite rivière du
pays devenu plus tard le comté de Foix (1), et en
cela ils se trouvent aussi d'accord avec le savant
académicien Lancelot (2), dont la démonstration se trouve appuyée par de nouvelles preuves
dans trois mémoires publiés de 1857 à 1870 (3).

L'historien du Béarn, de Marca, est plus for-
mel, plus explicite. Il répond nettement à ceux
qui, avant lui, prétendaient que l'Aquitaine était
bornée à l'Orient par la rive gauche de la Garonne. « Je désire, dit-il, que le lecteur pèse
mûrement ce que j'ai vérifié au premier chapitre, que la Garonne sépare, suivant César,

(1) *Histoire générale de Languedoc*, tome I, page 291.

(2) *Mémoire de l'Académie des inscriptions*, tome I,
page 290.

(3) *Etudes historiques sur le pays de Foix ; les
Sotiates*, 1856. — Ibid., *Limite de l'ancienne Aquitaine*,
1863. — *Les Sotiates des vallées de l'Ariège. Réponse à
l'histoire de Jules-César*, par Napoléon III. — *Manuscrit
présenté à l'Académie des inscriptions et belles-lettres
en 1869.*

l'Aquitaine de la Gaule celtique et non pas de
la narbonnaise (la province romaine), de laquelle
il n'a fait aucune mention dans ses *Commentaires*, et, partant, n'a pu établir ni la Garonne
ni aucune autre borne entre elle et la province
d'Aquitaine ; de sorte que l'autorité de César ne
nous arrachera pas des mains ni le Couserans,
ni la portion du Commingeois, qui sont au delà
de la Garonne (sur la rive droite), si nous avons
d'ailleurs quelque preuve pour les adjuger à
l'Aquitaine et pour pousser ses limites jusques
à l'extrémité (orientale) de ces peuples (1). »
Ces preuves invoquées, il les trouve dans Pline
et Ptolémée, mais surtout dans les *Commentaires*, où il est écrit qu'une tribu aquitanique,
bien plus à l'Orient encore que le Comminges
et le Couserans, touchait (*finitimæ*) au territoire
de Toulouse, de Carcassonne et de Narbonne.
César, ajoute-t-il, témoigne que Crassus fit
de grandes levées dans le pays de Tolose, de
Carcassonne et de Narbonne, qui sont des cités
de la Gaule provinciale, limitrophes des régions
d'Aquitaine (2). »

A ceux qui prétendraient, se basant toujours
sur le texte de saint Jérôme, que si le Comminges

(1) De Marca, *Histoire du Béarn,* page 8.
(2) De Marca, *Histoire du Béarn,* page 9.

et le Couserans avaient fait partie de l'Aquitaine
après Auguste, ils n'étaient pas compris dans
l'Aquitaine du temps de César, le même de
Marca répond : « Ce serait un désir trop grand
de contredire les bonnes opinions, de se per-
suader que l'empereur Auguste ait accru l'Aquitaine du pays de Couserans, puisque toute la
crue qu'il a faite a été prise dans la Gaule celtique, comme j'ai vérifié avec Strabon, et que
cela choque le sens, de penser que ce prince
eût voulu démembrer la province romaine, pour
enrichir l'Aquitaine de sa dépouille et pour
rendre leurs limites plus obscures qu'auparavant, si la Garonne eût été l'ancienne borne (1). »

Ce n'était pas à la légère que ces consciencieux
écrivains s'étaient ainsi prononcés sur une des
questions les plus intéressantes de l'histoire de
nos contrées. Ils s'appuyaient sur les seules autorités susceptibles de nous instruire au sujet
de ces temps obscurs, César et Strabon.

Examinons à notre tour les écrits de ces derniers, l'un rédigeant ses *Commentaires* un
demi-siècle environ avant Jésus-Christ, l'autre
sa *Géographie* vers l'an quatorze de l'ère nouvelle.

César paraissant au deçà des Alpes quinze

---

(1) De Marca, *Histoire du Béarn*, page 9.

ans après que Pompée eut refoulé les Espagnols vers les montagnes de l'Aquitaine nous dit que Crassus, dans deux campagnes, soumit douze tribus de cette partie de la Gaule. Parmi ces douze tribus figurent les *Garumni*. Le fleuve avait incontestablement donné son nom à cette tribu établie le long de son cours. Ne la cherchons pas de Toulouse à Bordeaux, car nul n'a eu la témérité de l'y placer ; et nous savons d'ailleurs que la rive gauche était occupée par les *Ausci*, les *Elusates*, les *Vocates*, les *Boii* et les *Bituriges Iosci, Ouisci* ou *Vivisci*. Il faut donc la chercher, comme César nous l'affirme, entre les *Tolosates*, peuple soumis et annexé, et les Pyrénées, justement à l'endroit où nous trouverons, après Auguste, les *Convènes* sur les deux rives de la Garonne. Une partie de l'Aquitaine s'avançait donc sur la rive droite de ce fleuve ; et j'en tire cette première déduction, si opposée à ce qu'on a écrit, en interprétant saint Jérôme, que la rive gauche du fleuve n'était pas la limite orientale de cette province au moment où Crassus en fit la conquête.

En effet, ces *Convènes*, qui, sous César, étaient encore les *Garumni*, habitaient en grande partie la rive droite du fleuve. Vainement le savant Walkenaer, pour concilier saint Jérôme avec César, nous dira que les *Garumni* vivaient dans

le pays qui est devenu plus tard le diocèse de
Rieux ; mais ce diocèse étant presque entière-
ment sur la rive droite de la Garonne et encore plus à l'Orient de ce qu'on a appelé le Comminges, on ne sera que plus autorisé à lui
répondre que quinze ans après Pompée, et au
moment de la conquête des Gaules, l'Aquitaine
n'avait pas, comme il le prétend, la rive gauche
du fleuve pour barrière orientale. César place
les *Garumni* dans la confédération aquitanique
que combat Crassus ; il n'a donc pas pu entendre
renfermer l'Aquitaine dans la limite où nos
modernes prétendent l'enclaver.

Mais il y a mieux : César nous dit expressé-
ment qu'une autre tribu aquitanique, la première que Crassus aura à combattre, la même
qui, dix-huit ans auparavant, a vaincu L.
Manilius marchant vers la Sègre, contrée où
l'on n'aboutit que par le Roussillon ou qu'en
remontant le cours de l'Ariège, en un mot, la
tribu des *Sotiates*, limitrophe du territoire de
Toulouse, de Carcassonne et de Narbonne. Dans
sa pensée, comme le témoignent ses *Commentaires*, l'Aquitaine s'avançait donc bien plus
qu'on ne le prétend vers l'Orient ; et toutes les
interprétations auxquelles a donné lieu l'épître
du Père de l'Église ne sauraient affaiblir, encore
moins détruire, la déduction naturelle qu'il faut

tirer du livre de César. Si les *Convènes* eussent existé de nom et de fait de son temps, l'auteur des *Commentaires* les eut quelque part nommés. S'ils étaient alliés de Rome, il les eut d'autant plus appelés à prendre part à la campagne de Crassus contre les Sotiates, comme il avait appelé (*evocatis*) ceux de Toulouse, de Carcassonne et de Narbonne, que ces *Convènes* pouvaient lui être d'un grand secours en tombant sur les derrières des *Garumni* et des *Sotiates*. Si, au contraire, ces *Convènes* étaient hostiles, il les eût fait figurer dans la nomenclature des douze tribus aquitaniques, qu'il cite nominativement dans ses *Commentaires*.

Son silence à cet égard nous prouve donc que des vagabonds espagnols avaient pu sans doute se mêler aux *Garumni* des hautes vallées, mais qu'ils n'avaient point encore absorbé la nationalité de ces derniers ; et comme le nom des *Garumni*, à quelque temps de là, disparaît complètement de la géographie et est remplacé par celui de *Convènes*, de même que celui d'une tribu limitrophe à l'est, les *Sotiates*, est remplacé par celui tout latin de *Consorani*, on est autorisé à croire que cette double substitution d'appellations, dans la nouvelle division géographique de la contrée eut pour but de faire oublier jusqu'au nom des deux tribus qui, dans la

grande lutte de Crassus, avaient été les plus
hostiles et les plus obstinées, étant sur la limite
de la terre à conquérir.

Veut-on puiser dans les *Commentaires* d'autres preuves démontrant que César n'a jamais
entendu borner l'Aquitaine à l'Orient, par le
circuit que forme la Garonne en descendant des
montagnes ? A cet égard, on n'a qu'à porter son
attention sur les propres expressions dont il se
sert dans la délimitation du pays.

Ainsi, on le voit renfermer les Aquitains entre
deux lignes à peu près parallèles, les Pyrénées
et la partie du cours de la Garonne qui les sépare de la Celtique indiquant, sur la rive droite
du fleuve, les Ruteni, ceux de Moissac, et les
Nitiobriges, ceux d'Agen. Puis il nous dépeint
l'Aquitaine regardant (*spectat*) le Couchant et le
Nord, c'est-à-dire ouverte entre ces deux lignes:
Garonne et Pyrénées (1); ce qui (Strabon va nous
l'expliquer) signifie que cette province était fer-
mée au Midi et au Levant. Sa clôture méridionale,
nous la trouvons naturellement dans la chaîne
pyrénéenne; celle de l'est ne saurait être que la
ligne des montagnes que nous nommons au-

---

(1) *Aquitania à Garumna flumine ad Pyrenœos
montes, et eam partem Oceani, quæ est ad Hispaniam,
pertinet ; spectat inter occasum solis et septentriones.*
(Cæsar, *De bello gallico, liber primus.*)

jourd'hui les Corbières, et qui forment, en se
dirigeant vers les premiers échelons occiden-
taux des Cévennes, un angle dont le sommet se
trouve au Saint-Barthélémy, comme l'a constaté,
avec une irréfutable logique, le géographe
Levasée (1).

Strabon est encore plus explicite que César,
et nous affirme qu'il a suivi rigoureusement les
délimitations du divin Jules (2). Il nous a dit
d'abord que les Celtes sont séparés des Aquitains par les Cévennes (3), preuve incontestable
que ces Aquitains habitaient bien au Levant du
circuit formé par la Garonne vers sa source, car
les Cévennes sont bien à l'Orient de ce point. Il
ajoute : « Vers le milieu de la chaîne, un groupe
d'élévations dorsales qu'on nomme les Cévennes
(nom qu'il donne ici aux Corbières), se joignait
à angle droit aux Pyrénées.... On appelle Aquitains ceux qui habitent entre la Garonne le versant nord des Pyrénées et les Cévennes jusqu'à
l'Océan (4). » Il forme ainsi un quadrilatère bien
déterminé, dans lequel la ligne de la Garonne,

(1) Voir sa géographie.
(2) Strabonis, *Géographia*, tome I, livre IV, page 147.
(3) *Aquitanos et Celtas monte divisos Cemmeno.*
Ibid., page 146, édition, Muller-Didot.
(4) *Aquitanos et Celtas monte divisos Cemmeno.*
Ibid., page 147.

courant de l'Est à l'Ouest, est opposée à la grande chaîne , et la ligne du sud au nord des Corbières est opposée à celle de l'Océan. C'est dans ces quatre lignes que, d'après lui, était renfermée l'Aquitaine.

Dans ce groupe d'élévations dorsales qui coupent les Pyrénées à angle droit et qui ne sont autres que les Corbières, Strabon voyait une partie des Cévennes ; mais peu importe le nom donné alors à ce groupe. Ce qu'il est utile de constater, c'est que Strabon plaçait la limite orientale de l'Aquitaine à ces montagnes qui se redressent à angle droit depuis la grande chaîne en courant vers le Nord. Ce fait peut être d'autant moins regardé comme douteux, que l'on trouve encore, dans les actes du IXe siècle de notre ère, la mention d'une vallée aquitanique sur les bords de l'Atax, *vallis aquitanensis*, aujourd'hui le val d'Agne (1). Il peut être d'autant moins contesté que, lorsque Strabon nous donne la limite occidentale de la province romaine, il la trouve dans ce même groupe de montagnes pyrénéennes allant du Sud au Nord, et auxquelles, ne sachant trop quel nom donner,

(1) Paya, *Histoire générale de Languedoc*, tome II, Preuves. — Voyez les chartes relatives au monastère de la Grâce , et cartulaire de Boulbonne, année 1007, août, page 140.

il applique tantôt celui de Cévennes et tantôt celui de Pyrénées (1).

C'est en complétant ce qu'a écrit César, par les explications si claires de Strabon, que l'on est amené à regarder comme un fait acquis à l'histoire que l'Aquitaine était, à l'Est, bien plus étendue qu'on ne le prétend, et qu'elle ne s'arrêtait pas à la rive gauche de la Garonne, du moins le long du cours supérieur du fleuve vers sa source. Aussi je ne crains point d'avancer que la vallée où est situé Luchon était déjà aquitanique avant César, et qu'au moment de la conquête, la tribu qui l'habitait ne se nommait point encore les *Convènes*, mais bien les *Garumni*.

Je m'arrête ici après cette longue citation et je la fais suivre d'un extrait de la lettre d'Henry Martin approuvant clairement cette délimitation, et laissant le *Comminges* (patrie des *Garumni*), et le *Couserans* jusqu'à l'*Aude* (patrie des *Sotiates*), dans l'*Aquitaine* ibérienne.

Mon cher Monsieur,

« J'ai lu avec un grand intérêt votre aperçu historique sur Bagnères-de-Luchon : c'est un excellent travail d'histoire provinciale.

(1) La figure de la province (romaine) est un parallélogramme terminé à l'occident par un côté des Pyrénées (les Corbières). Strabon, ibid., page 148.

« Votre mémoire, sur ce qui regarde les limites de l'Aquitaine, les *Convènes* et les *Garumni* me paraît concluant.. . . . .
. . . .

« Je crois qu'il importerait de renoncer tout à fait à l'*aquastenens* comme étymologie d'Aquitaine : vous n'en avez aucun besoin pour votre thèse aquatique.   HENRY MARTIN. »

Une autre critique relative à la première campagne des Romains contre les *Soliates* aquitains, dix-huit ans avant l'arrivée de César dans la Gaule, exige de ma part une réponse qui va être l'objet d'un nouveau chapitre.

CHAPITRE XV

L'un de nos monographes méridionaux, de ce que Plutarque, dont j'ai invoqué le texte, n'a point parlé de la Sègre à propos de la première campagne des Romains contre les Sotiates, prétend que les Sotiates habitaient une contrée à l'occident de la vallée de l'Ariège. Je réponds à cette nouvelle querelle en rétablissant les faits relatifs à cette première campagne et en fixant mathématiquement la ligne sur laquelle la défaite des Romains eut lieu 76 ans avant notre ère, ligne courant de l'une des trois villes désignées nominativement par César, pour aller aboutir à *Ilerda* en suivant le cours de la Sègre, comme l'indique Paul Orose et comme on doit le déduire du texte de Plutarque et plus encore de celui de César.

La question des *Ibères* doit naturellement me ramener à parler de ceux qui habitaient nos Pyrénées avant l'invasion romaine. Nous venons de voir César étendant la domination des Aquitains vers l'Orient jusqu'au territoire limitrophe des trois villes de *Toulouse*, *Carcassonne* et *Narbonne*. Strabon est d'accord avec lui, car il place cette limite orientale au point où les Corbières se redressent à angle droit vers le Nord, pour aller s'unir au Cévennes. A l'orient de cette limite étaient alors les Sordes, compris déjà dans la province romaine. Il faut donc conclure de

cette délimitation, remontant à 58 ans avant
notre ère, que les vallées de l'Ariège et même
quelques-unes de l'Aude étaient encore ibériennes et faisaient, qu'on le veuille ou non, partie
de la confédération aquitanique.

Pour prouver que les Sotiates, reconnus par
tous comme Aquitains, ne pouvaient avoir habité
le groupe de montagnes et les vallées remontant vers l'Espagne, en suivant le cours de l'A-
riège, il n'est pas de difficultés et d'objections
auxquelles on n'ait eu recours. Confondant les
divisions géographiques d'avant César avec
celles du temps d'Auguste et de ses successeurs,
ceux avec lesquels je suis loin d'être d'accord
avaient soutenu qu'il n'y avait rien d'aquitanique sur la rive droite de la Garonne depuis sa
source jusqu'à Toulouse. D'après les uns, cette
zone, au pied des Pyrénées, était habitée par
les *Celtes* ; d'après les autres, par les *Kimris
tectosages*. Walkenaer et Napoléon III, craignant
sans doute de se tromper dans leur carte géographique, laissent la place vide et n'y font
figurer aucune tribu ou peuplade. J'aurai à re-
parler de cette carte.

Aujourd'hui, fort de l'assentiment d'Henri
Martin, je ne crains plus de me voir aussi vive-
ment attaqué, lorsque je persiste à soutenir que
cette même zone était la patrie des *Garumni*

et des Sotiates, deux tribus de la grande
confédération aquitanique. L'opinion du grand
historien aura-t-elle ébranlé la prétendue conviction de nos critiques ? Je l'ignore ; mais quand
je ne suis plus seul à soutenir que les vallées de
l'Ariège, avant César, faisaient partie de l'Aquitaine et que par conséquent les Sotiates aquitains
avaient pu habiter là, on me cherche une autre
querelle.

César a signalé deux campagnes dirigées par
les Romains contre les Sotiates : l'une par
Lollius Manilius *nepos*, 76 ans avant notre ère ;
l'autre, environ 18 ans plus tard, par Publius
Crassus. Eh bien, quand j'ai parlé de la première
de ces campagnes, j'aurais fait dire à Plutarque
ce qu'il n'a point dit, et cela pour prouver que
le théâtre de ce premier combat n'avait pu être
que sur le territoire ariégeois, non loin de la
Sègre, rivière espagnole.

J'ai besoin, pour répondre à cette nouvelle
attaque, au risque de fatiguer, par des répétitions,
ceux qui me liront, de donner ici quelques
explications.

César ordonnant à Crassus (58 ans avant notre
ère) d'attaquer l'Aquitaine et de commencer la
campagne en marchant contre les Sotiates, dont
le territoire touchait à celui (*finitimæ*) des villes
de Toulouse, Carcassonne et Narbonne, prévient

son lieutenant que, peu de temps auparavant
(18 ans), ces mêmes Sotiates aquitains ont mis
en complète déroute l'armée romaine et forcé
Lollius Manilius, gouverneur de la province
romaine, qui la commandait, à prendre lui-même
la fuite. Un autre auteur ancien va nous apprendre tout à l'heure le motif de cette première
campagne des Romains contre les Sotiates ; et
un troisième historien latin nous dira dans quelle
ville Manilius vaincu et fuyant trouva un asile.

Pour connaître à fond tous ces détails, il y
avait bien des livres à feuilleter. Pas un de nos
monographes méridionaux n'a voulu s'en donner la peine. Seuls les historiens de Languedoc
nous ont fourni à cet égard quelques insuffisants
détails (1).

Grâce à leurs indications j'ai pu consulter, en
outre des *Commentaires*, les textes de Tite-Live,
de Plutarque et de Paul Orose, et subséquemment
les interprétations de Pignius et de Sigonius.
De ce que Tite-Live nomme le gouverneur de la
province *Manlius*, Plutarque *Lollius* et Paul
Orose *Manilius*, leurs interprètes se livrent, au
sujet du nom du vaincu, à de longues et peu
utiles dissertations. Seuls César, Plutarque et
Paul Orose nous mettront sur la voie, pour dé-

(1) *Histoire de Languedoc*, tome I, page 76 et note XIV.

couvrir la ligne sur laquelle Sotiates et Romains en vinrent aux mains. Quant à Tite-Live il confirme la défaite de *Manlius* (c'est ainsi qu'il nomme ce général), sans jeter le moindre jour sur le théâtre de cette campagne.

Plutarque nous apprend que Metellus, aux prises alors avec Sertorius dans le nord de l'Espagne, et se sentant trop faible pour le combattre, demande du secours à Lollius proconsul de la province romaine (1).

César nous affirme que Lollius Manilius, proconsul de cette province, en vint aux mains avec les Sotiates aquitains, dont le territoire touche à celui de Toulouse, Carcassonne et Narbonne ; que, dans le combat, son lieutenant Préconius est tué, ses bagages pris, toute son armée en déroute et Manilius lui-même forcé de prendre la fuite (2).

Grâce à César et à Plutarque nous savons que, de l'une des trois villes citées, Lollius Manilius dut s'avancer vers l'Espagne et qu'il fut vaincu par les Sotiates.

Paul Orose va nous apprendre où Manilius s'est réfugié après la déroute de son armée. « *Adversus sertorium, ut Breviter definiam, duo*

(1) Amyot, *Vie de Sertorius, par Plutarque,* tome V, page 357.
(2) César, *Commentaires, Guerre des Gaules,* livre III.

duces missi Metellus et Domitius : quorum Domi-
tius ab hertuleio , sertorii duce cum exercitu
oppressus est. Manilius , proconsule galliœ in
hispaniam cum tribus legionibus et mille quin-
gentis equitibus transgressus, iniquam cum her-
tuleio pugnam conseruit : a quo castris copiisque
nudatus in oppidum ilerdam pene solus refu-
git (1) ». Soit en français : « Pour m'exprimer
en peu de mots, deux chefs furent opposés à
Sertorius, Metellus et Domitius. Ce dernier fut
vaincu par Hertuleius, lieutenant de Sertorius.
Manilius, proconsul de la Gaule , passant en
Espagne suivi de trois légions et de quinze cents
cavaliers en vint aux mains avec Hertuleius,
dans un combat funeste pour Manilius qui, après
avoir perdu son camp et ses bagages, eut beaucoup de peine à arriver à peu près seul de son
armée à Ilerda ». Lérida, ville espagnole, sur les
bords de la Sègre, est aussi le lieu d'asile où les
historiens de Languedoc ont fait arriver Manilius (2).

Devant ces détails émanant de César, Plutarque et Paul Orose, nous pouvons retrouver
sinon le point fixe où se livra la bataille, du

---

(1) Paul Orose, *Lugduni Batavorum*, 1747, livre V, chapitre XXIII, page 355.

(2) *Histoire de Languedoc*, tome I, page 76, voir note XIV.

moins la ligne sur laquelle ce point doit se trouver. Cette ligne, d'après César, partait de l'une
des trois villes : Toulouse, Carcassonne ou Narbonne, dont le territoire touchait à celui des
Aquitains sotiates, alors sur la défensive, et
allait aboutir, d'après Orose, à Ilerda, situé sur
les bords de la Sègre.

Plutarque n'a pas parlé de la Sègre ; c'est très
vrai ; mais il a écrit que Metellus en Espagne
demandait du secours à Manilius (qui était dans
la province romaine, c'est-à-dire à Toulouse,
Carcassonne ou Narbonne) et qu'il devait entrer
en Espagne où Metellus l'attendait. Paul Orose
nous apprend que Manilius partant incontestablement, avec son armée, de l'une de ces trois
villes, pour passer les Pyrénées, est arrêté en
route, que son armée est complètement battue
et que Manilius ne trouve un asile qu'à Ilerda,
qui était sur les bords de la Sègre. César enfin
nous apprend que ceux qui ont mis en déroute
l'armée romaine sont les Sotiates limitrophes
des villes de Toulouse, Carcassonne ou Narbonne.

Nous sommes donc fixés sinon sur le point,
du moins sur la ligne où a été le théâtre
de ce premier combat. Cette ligne, on ne saurait
la retrouver que de l'une de ces trois villes en
aboutissant au cours de la Sègre descendant des
montagnes de l'Ariège et de l'Aude vers Ilerda.

C'est donc sur cette ligne que les Sotiates, nommés par César comme vainqueurs de Manilius, devaient se trouver.

On comprendra très bien à la réflexion pourquoi ceux qui n'ont voulu voir les Sotiates qu'à l'Ouest, vers les Landes, se sont donné de garde de parler de cette première campagne et d'en rechercher le théâtre. Dauville, Walkenaer et Napoléon III, plaçant ces Aquitains au *Scitium* du Bazadais leur précision devait demeurer sans appel aux yeux de nos critiques, et ceux-ci les suivant aveuglement s'évitaient beaucoup de recherches. Mais nos monographes du Midi n'en restent pas moins inexcusables d'avoir gardé le silence au sujet de la place où fût remportée une victoire aussi intéressante pour le Midi de la Gaule.

Il était donc nécessaire de se rendre compte du théâtre des premiers combats livrés par les Romains à nos Sotiates sous Manilius, si nous voulions nous fixer sur la marche suivie dix-huit ans après par Crassus. Or, si les Sotiates, comme il est impossible de le contester, habitaient, 76 ans avant notre ère, un point entre Toulouse, Carcassonne ou Narbonne et Ilerda sur la Sègre, à moins d'avoir perdu le sens, on ne pourra soutenir que dix-huit ans après, la patrie de ces Euskes se trouvait, par une main invisible, transportée sur un point quelconque de la ligne de Toulouse vers l'Océan, à l'opposé d'Ilerda. Dauville, tout observateur sérieux qu'il était, a eu beau dire que Crassus, partant d'Angers, vint directement attaquer les Sotiates au *Scitium* du Bazadais, il n'y a un mot ni chez César, ni chez d'autres écrivains d'ancienne date qui l'ait autorisé à produire ce mensonge historique, qui dans nos monographies occitaniennes a enfanté bien des erreurs. Aussi dirai-je avec conviction que l'académicien Lancelot avait seul raison contre tous ceux qui ne voulaient pas admettre les Sotiates, fraction des *Ibères*, dans nos vallées ariégeoises. N'ayant d'autre ambition, quant à moi, que celle d'avoir contribué avec Lancelot à rétablir sur une base solide et non point énygmatique l'histoire de mes chères vallées, je ne crains pas de répéter que cet académicien avait seul raison et qu'il est évident que les *Sotiates d'origine ibérienne et l'une des tribus Euskes habitaient, au temps de César, les vallées ariégeoises* et non ailleurs.

Il n'y a qu'à jeter un coup d'œil sur la carte que Walkenaer et Napoléon III ont tracée de l'Aquitaine du temps de César, pour juger combien parfois les plus grands savants, fussent-ils académiciens, et les écrivains, eussent-ils sur leur tête une couronne impériale, exposent ceux qui veulent les suivre, en aveugles, à propager des erreurs historiques.

Que l'on trace une ligne de cet infime territoire du *Scitium* bazadais, entre les Vasates et les Élusates, où Valkenaer et Napoléon III ont placé les Sotiates, et qu'on la conduise jusque sur les bords de la Sègre à Lérida, on pourra juger que ces deux auteurs se sont mis en contradiction manifeste avec Plutarque, César et Paul Orose, car la place qu'ils se sont plu à assigner aux Sotiates (le *Scitium*) n'est limitrophe ni de Toulouse, ni de Carcassonne, ni de Narbonne, et moins encore de la vallée qui, de la province romaine, conduisait en Espagne, sur les bords de la Sègre où était la ville d'Ilerda.

CHAPITRE XVI

Les tombeaux découverts dans l'ancien cimetière de Tarascon (Ariège) et sous les remparts très anciens de cette ville, au dire des critiques, sont des tombeaux mérovingiens et non ibériens. Réponse à cette opinion, à mon sens, essentiellement arbitraire.

Des écrivains modernes très compétents, en recourant à la linguistique et à l'anthropologie, ont cru reconnaître que, dans le passé, les Basques avaient eu certains rapports avec les Berbères du nord de l'Afrique. Une récente découverte faite dans l'Ariège tendrait aussi à prouver qu'à l'origine des temps historiques il a pu exister des rapports analogues entre ces mêmes Berbères et les habitants des vallées ariégeoises qui, du temps de César, faisaient encore partie de la confédération euskarienne ou basque, sous le nom de Sotiates.

Cette découverte consiste en des tombeaux superposés, enveloppés d'une terre glaise, venue d'ailleurs, et placés, en partie, sous les murs de défense d'une ancienne ville. Ces tombeaux ont été reconnus, par d'honorables témoins, comme en tout semblables à ceux de la Kabylie.

Notre Ariège aurait donc eu cela de commun avec le pays basque actuel, que de l'un comme de l'autre point des Pyrénées des rapports auraient existé dans le temps avec les Berbères du nord de l'Afrique. Nous les avons vu s'entendre en quelque sorte dans leur langage quoique séparés par de grandes distances ; et voici maintenant des monuments qui tendent également à prouver qu'il fût un temps où l'ancien Ariégeois ensevelissait ses morts comme les Berbères le font encore de nos jours. S'il faut attacher aussi quelque importance à la forme et à la mesure des crânes découverts, treize types sont à la disposition des anthropologistes qui, s'étant expliqués sur les soixante crânes de Zaraux semblables à ceux du nord de l'Afrique, pourront décider si ceux de l'Ariège ne présentent pas la même analogie.

Fort de ce qu'on lit dans les *Commentaires* de César, que les Sotiates reconnus comme Euskes par tous nos auteurs modernes habitaient une contrée limitrophe des villes de Toulouse, Carcassonne et Narbonne, convaincu avec Strabon que l'Euskarie ou Aquitaine s'avançait jusqu'aux Corbières, au sud de ces trois villes, et divers écrivains de notre époque ayant prouvé que des

rapports d'idiome et de mœurs semblent rattacher encore à certains égards l'Euske aux Berbères d'Afrique, congénères des anciens *Ibères*
de l'Espagne, je m'étais cru autorisé à regarder
aussi les tombeaux découverts à Tarascon comme
ayant appartenu aux *Ibères* de ces vieux temps.

Les conséquences naturelles de ces faits re-
cueillis sans parti pris ont donné lieu à des
controverses.

1° Me dit-on, nous ne pouvons admettre que
l'Euskarie eut pour limite orientale les Corbières,
car les savants de nos jours, réunis pour la rédaction du *Dictionnaire archéologique de la
Gaule* n'admettent dans l'ancienne Aquitaine ni
les *Convenœ* ni le pays de Foix (1). Or, Tarascon,
où l'on vient de découvrir les tombeaux, n'a
jamais fait partie de la confédération aquitanique,
et ses anciens habitants n'ont pu avoir rien de
commun avec ces *Berbères* soi-disant Ibériens.

2° Le Tarascon dont il est ici question n'est
qu'une insignifiante bourgade, dont le nom ne
figure dans les actes qu'en l'an 1000 ou en 1100
de notre ère.

3° Ces tombeaux sont mérovingiens.

Mon précédent chapitre a répondu à la pre-

(1) *Dictionnaire archéologique de la Gaule,* tome I,
page 71.

mière de ces objections, et je me borne à opposer, à cet égard, à mes contradicteurs, la lettre si claire, si décisive du plus grand historien de notre époque, dont certes, l'autorité doit être d'un aussi grand poids à nos yeux que celle des archéologues qu'on invoque, hommes sans doute très érudits, mais dont on ne connaît pas pas même le nom. Si, au lieu de juger par les yeux des autres, mes contradicteurs s'étaient donné la peine de consulter César, Plutarque, Strabon, Paul Orose et Lancelot, ils auraient vu que nos *Sotiates* ariégeois, tribu aquitanique, c'est-à-dire *Ibères* d'origine, devaient dès longtemps habiter les vallées au centre desquelles était Tarascon debout sur son rocher. J'avoue qu'au lieu de fouiller ces vieux bouquins, il était plus facile de trouver la besogne faite, en se bornant à copier ce que d'autres, plus ou moins sérieux, avaient écrit. Si je remets ici les *Sotiates* en saillie, c'est parce que mes contradicteurs comprennent que, si avec eux on ne place pas ces Aquitains au *Scitium* du Bazadais à l'opposé de l'Espagne, les tombeaux qu'ils prétendent être mérovingiens, sans nous dire pourquoi, pourraient être des monuments d'une époque complètement eusko-ibérienne.

Mais, ajoutent-ils, pour ôter son cachet d'antiquité à ce que l'on vient de découvrir, la ville de Tarascon, d'après les actes, ne remonte qu'au dixième ou onzième siècle.

A cette objection voici ma réponse.

De ce que la géographie romaine ne porte pas textuellement le nom de certaines villes, il faudrait donc induire que ces villes n'existaient point? Ainsi, sans sortir des vallées ariégeoises, limitrophes du territoire de Toulouse et de Carcassonne, il faudrait admettre que l'entrée de ces vallées conduisant de la province romaine, par une route assez facile, vers l'Espagne, n'avait pas eu quelque *oppidum* plus ou moins important, pour défendre le pays contre une invasion. De ce qu'on ne voit nulle part, par exemple, dans les anciens documents, le nom barbare de *Houïch* (le Foix moderne) peut-on raisonnablement soutenir que l'entrée des vallées à la suite du défilé de *Labarre*, sur la route conduisant en Espagne, était sans défense? Peut-on croire également que le bassin supérieur où l'Ariège se réunit au Sos, à l'ouverture de trois vallées, n'eut pas aussi son *oppidum*? Les auteurs de l'*Archéologie de la Gaule* (page 66) reconnaissent bien l'existence de la cité d'Ax à l'époque romaine, ville située aussi sur la route d'Espagne et dont le nom ne figure pourtant que dans les chartes du onzième siècle. Les noms de toutes ces localités avaient donc pu disparaître durant 8 ou 900 ans, pendant l'invasion des Goths, des Alains, des Sarrasins, et durant les longues et obscures luttes mérovingiennes ; mais ces mêmes noms devaient reparaître après Charlemagne.

Les autres noms de localités seraient-ils nouveaux, et je ne saurais l'admettre, que celui du Tarascon où l'on vient de découvrir les tombeaux ne l'est point. Des *Tarusconienses* sont signalés par Pline dans la narbonnaise , et Dauville, dans sa notice, en opposition avec ceux qui voyaient ces *Tarusconienses* au delà du Rhône, a prouvé qu'il ne fallait les chercher que dans les vallées ariégeoises. Si ce géographe s'est trompé quelquefois, et il s'est, à mes yeux, trompé en plaçant les Sotiates au *Scitium* du Bazadais, il n'est pas moins resté un guide à consulter pour tout ce qui tient à la géographie des vieux temps.

On a dit : Tarascon n'existait pas à l'époque romaine ; ses remparts, sous lesquels on a trouvé les tombeaux, n'ont rien de romain. C'est possible ; et puisque son *oppidum*, du temps des Romains, devait nécessairement être défendu par un système quelconque de castramétation, il est probable, qu'antérieurement les Aquitains, eux-mêmes , avaient fortifié le rocher auquel l'*oppidum* est attaché. Dans ce cas, puisque les tombeaux sont sous les fondements de ces vieux remparts, on ne serait pas fondé à voir là des sarcophages mérovingiens, car ces remparts qui, si l'on veut, n'ont rien de romain, pouvaient exister à une époque où les Romains n'avaient pas encore mis le pied dans nos montagnes ariégeoises. Or, les remparts du Tarascon, dont il est ici question, étaient debout toutefois, antérieurement à l'époque où le nom de cette ville apparaît dans les chartes du dixième ou onzième siècle ; je le prouve.

En 719, les Sarrasins descendent de *Livia*, sur les bords de la Sègre, en franchissant un col qui prend leur nom (le col de Pech Maure), col de Puymorens, et s'avancent vers Toulouse par les vallées du Sos et de l'Ariège (*Aruga*). Ils sont arrêtés à Ax, sans doute défendu par des remparts environnant les anciens thermes romains. Pour dominer la place et s'en rendre maîtres, ces farouches envahisseurs élèvent sur un point culminant leur fort de *Maoü*, dont les ruines sont encore debout. Ax existait donc avant le dixième ou onzième siècle.

Maîtres de cette vallée supérieure, ils descendent, soit en suivant le cours de l'Ariège ou celui du Sos, vers le bassin de Tarascon. Et sur la rive gauche de ce dernier cours d'eau, ils sont forcés de livrer un combat aux indigènes. Le théâtre de cette bataille porte encore le nom de

Camp *Sarrasi*. La résistance les force à se forti-
fier sur une roche dominant la vallée ; et ce fort,
qui a disparu dans le douzième siècle, figure sous
le nom de *Roque-Maure*. De là, ils attaquent le
fond de la vallée, et en venant au siège de l'*oppidum* attaché à un rocher, ils ne s'en rendent
maîtres qu'après avoir construit, sur un point
dominant les remparts de la place, leur tour caractéristique de *Maoü nègre*. Vainqueurs, une
fontaine par eux créée au centre de l'*oppidum*
portera le nom de *Fount del Maurou*.

Enfin, leur conquête s'étendant toujours vers
le Nord, pour se rendre maîtres de la position
stratégique de l'ancien *Houich*, ruiné par Crassus et nécessairement reconstruit, ces mêmes
Sarrasins élèvent à l'Ouest, au-dessus du Mont-
gauzy moderne, la forteresse de Mont-Maoü.

Les chartes de l'an 700 à 1,000 auront eu beau
se taire sur la dénomination de ces trois villes ariégeoises, leur existence, comme anciennes places
défendant le pays, ne saurait être révoquée en
doute à une époque bien antérieure à celle qu'on
voudrait leur assigner.

Les tombeaux découverts sous les remparts
du *Tarusco* romain devaient donc être d'une
date bien antérieure au siècle où parurent les
Sarrasins, et leur ressemblance avec les tombeaux des Kabyles, la position de ces sarcopha-

ges les uns sur les autres, les coquilles attachées
au corps du squelette et les autres détails décrits
dans le chapitre XI ci-dessus sont des preuves
certaines que ces monuments appartiennent à
une population, qu'avec un honorable savant,
M. Cau-Durban, j'appelerai préhistorique et remontant à l'invasion ibérienne des premiers
âges.

De ce que de semblables tombeaux se décou-
vrent, dans divers lieux de la contrée, on a voulu se faire un argument pour se mettre en opposition avec ceux qui partagent mon opinion;
mais je n'ai jamais eu la pensée de dire qu'en
cela Tarascon fut privilégié. Si, aux alentours, de
semblables découvertes ont été faites, c'est que
l'*Ibère*, congénère du Perse et du Gétule, avait
envahi toutes les Pyrénées, et durant vingt siècles, jusqu'à César, y avait vécu sous le nom
d'Euske, conservant des traits de ressemblance
avec les Berbères de l'Afrique.

Pas un motif n'a été donné jusqu'ici pour
prouver que ces sarcophages appartenaient à
l'époque mérovingienne. Si on veut se rendre
compte de celui qui a dirigé les promoteurs de
cette opinion, c'est qu'à aucun prix ils ne veulent voir des *Ibères* dans nos vallées ariégeoises,
et qu'applaudissant aux critiques dirigées contre
mes *Sotiates* ils persistent, en ne tenant compte,

ni de ce qu'ont écrit César, Strabon, Plutarque et
Paul Orose, à une ancienne date, ni de ce qu'ont
fait entrevoir plus récemment Lancelot, les historiens de Languedoc et Henri Martin, ils persistent, dis-je, à ne voir les Sotiates basques et
par conséquent ibériens, qu'à ce *Scitium* du Bazadais, d'où la logique et la moindre étude sérieuse, mais avant tout conciencieuse, doit les
repousser.

Je me crois donc autorisé à soutenir plus que
jamais que nos Sotiates, groupés sur les bords du
Sos et de l'Ariège, faisaient partie de la confédération basque évidemment ibérienne. Par
suite, j'ose dire que les découvertes, faites en
dernier lieu, sous les remparts de Tarascon,
viennent confirmer cette vérité historique que
les *Ibères*, ayant laissé des congénères au nord
de l'Afrique, avaient dominé sur toutes les Pyrénées et y ont laissé des traces ineffaçables de
leur passage et de leur séjour.

CHAPITRE XVII

Coup d'œil rétrospectif et général sur les faits mis en saillie dans les précédents chapitres, tant au point de vue ethnographique, linguistique et anthropologique, que pour tout ce qui est relatif aux *Ibères* du sud du Caucase, aux *Ibères* de la péninsule hispanique, aux Berbères du nord de l'Afrique et à la confédération basque ou euskarienne, dont les Sotiates anciens habitants des vallées de l'Ariège faisaient incontestablement partie.

Tant de systèmes ont été mis à jour, au sujet des *Ibères* et des Basques, que tout lecteur cherchant à voir clair dans ce dédale a été jusqu'ici si peu fixé, qu'après l'impression de nombreux volumes remplis de citations grecques et latines et de dissertations, la question n'en est pas moins demeurée passablement obscure.

L'étude de l'histoire primitive d'un point rétréci des Pyrénées, de notre Ariège, dans lequel les Euskes ibériens ont joué un rôle assez marquant, m'a porté à me livrer à une sérieuse revue des thèses contradictoires, auxquelles a donné lieu cette question très intéressante pour nos monographies méridionales, et dont nos sociétés savantes auraient dû provoquer l'examen.

En abordant, sans parti pris, ce sujet historique il m'a paru moins compliqué qu'il ne semble
l'être au premier abord. Grâce aux auteurs
anciens, dont il ne faut jamais perdre de vue le
texte, grâce à leurs interprètes modernes les
plus érudits, on peut se rendre compte facilement de ce qu'étaient ces *Ibères*, premiers habitants connus de l'occident de l'Europe, et par
suite se fixer sur quelques faits relatifs à l'une
de ses plus vivaces tribus, les Euskes ou Bas
ques, dont, jusqu'à l'invasion romaine, toutes
les populations des Pyrénées, des Corbières à
l'Ouest, ne formaient qu'une seule confédération.

Ce titre de premiers habitants ne veut pas
dire pourtant qu'avant les *Ibères* il n'y eût déjà
des groupes humains isolés, dont le nom n'est
pas venu jusqu'à nous, race vivant dans les
grottes et dont les paléontologistes étudient les
détritus, sans pouvoir toutefois nous fixer sur
leur origine et sur la véritable date de l'existence
de cette famille préhistorique.

Il n'en est pas de même des *Ibères*. Leur ap-
parition en Europe remonte environ à vingt
siècles avant notre ère. Leur berceau fut cette
Ibérie caucasique voisine des terres occupées
par les Arméniens, les Mèdes et les Perses,
peuples qui s'aperçoivent à l'origine des temps
transplantés, ainsi que ces *Ibères*, sur la partie

la plus septentrionale de l'Àfrique, s'y mêlant
aux Gétules, qu'on s'accorde à regarder comme
les aïeux des Berbères de notre temps. La migration de tous ces peuples vers l'Occident
trouve son explication naturelle dans des révolutions climatériques qui déchaînèrent des peuplades du Nord sur la partie de l'Asie avoisinant
l'Europe. Il est bon de remarquer que ce déchaînement commença, paraît-il, en balayant
d'abord le sud du Caucase, puis que les Gaëls
aryens n'émigrèrent du nord de cette chaîne
que postérieurement, lorsque l'*Ibère* était déjà
établi à l'ouest de l'Europe, depuis environ
quatre ou cinq siècles, ce qui nous explique
comment les Gaëls de race aryenne imposèrent
leur nom au pays en deça du Rhin, et l'*Ibère*
de race sémitique imposa le sien à tout le pays
qui s'étend du Rhône, d'après Strabon, (1) à
l'embouchure de la Garonne et vers le Sud jusqu'aux colonnes d'Hercule.

Ces deux familles indo-européennes différaient,
on l'a vu, même quinze siècles après qu'elles
furent mises en contact, soit par leur couleur
et leur constitution physique, soit par leurs
mœurs et leurs institutions , soit enfin par
leur idiome. On peut donc regarder comme

(1) Strabon, édition Didot, tome I, page 138.

erroné tout ce qu'on a écrit pour les confondre. Si, après s'être mêlés dans la contrée, entre la Loire et la Garonne, et y avoir pris le nom de *Celtes*, ces Gaëls sortirent de leurs premières enclaves et vinrent le long de l'Océan déplacer de la Péninsule diverses tribus ibériennes, les Ligures, les Eleusikes, les Bébriques et les Sicanes, ce n'est pas une raison de croire, comme certains le soutiennent encore, qu'avant l'invasion romaine leur influence fut telle qu'ils eussent régné en maîtres non seulement dans la Gaule, mais même sur toute l'étendue de la Péninsule. C'est une erreur plus grave encore de croire que ce soit eux, les *Celtes*, qui aient donné un nom pris de leur langue aux *Ibères*, qui les avaient devancés dans leur migration et qui se nommaient, en Europe, *Ibères* parce que, ainsi que l'a écrit Pline, ils étaient les congénères des habitants de l'*Ibérie* asiatique, *ab Ibéris Asiæ orti.*

De ce qu'on ne sait guère la voie que prirent ces indigènes caucasiques, pour venir de leur berceau jusqu'à l'extrémité de l'Europe, les uns déniant leur origine asiatique, les ont cru autochtones, les autres ont voulu voir en eux un rameau primordial de la famille celtique. Mais on est en droit aussi de demander par quel chemin, Perses, Mèdes, Arméniens, de race sémitique, se sont rendus du sud du Caucase en

Afrique et à l'extrémité Ouest du continent européen où leur présence est signalée. Il n'y aurait pas de raison pour ne pas regarder également ces trois peuples comme étant aussi autochtones ou celtiques ; et si Saluste nous autorise à leur refuser une semblable origine, en nous les présentant comme étant venus du sud du Caucase, Trogue-Pompée, Varon, Justin et Pline surtout nous fixent irrévocablement sur l'existence des *Ibères* et sur le berceau sémitique d'où ils étaient sortis, preuve incontestable qu'ils n'étaient ni autochtones, ni celtiques.

Les événements qui les forcèrent à s'expatrier ont été signalés et ont rendu leur émigration aussi naturelle que celle de tous les autres groupes asiatiques.

La présence des *Ibères* en Espagne ne saurait être révoquée en doute devant ce qu'ont écrit avant tous autres les historiens grecs, et en second lieu les auteurs latins, et puis devant les manuscrits arabes dont Maspéro s'est rendu l'interprète ; et si l'Espagne apparaît d'abord sous le nom d'*Ibérie* c'est que ces émigrés de l'*Ibérie* caucasique lui avaient imposé ce nom.

Mêlés à d'autres en abordant en Europe, leur nom asiatique a fait oublier celui des Perses et des Gétules, parce qu'ils avaient dû se mettre à la tête de ces immigrants et les dominer. Quant à leur langue, après leur contact avec les autres émigrants du sud du Caucase, où aux portes de l'*Ibérie* se parlaient vingt-six dialectes, on comprendra qu'elle ne dut pas demeurer telle qu'ils l'avaient portée de leur patrie, et si après quarante siècles le langage basque moderne, que tout doit nous faire accepter comme l'idiome de l'*Ibère*, ne ressemble en rien à l'idiome aujourd'hui en usage au sud du Caucase, on ne saurait se faire une arme de cette différence naturellement expliquée, pour refuser au Basque et à l'ancien *Ibère* une origine sémitique. Nous avons vu du moins que ce caractère sémite est encore remarqué chez les Berbères actuels, et comme ceux-ci s'entendent à certains égards avec nos Basques, anciens *Ibères*, on est encore, à ce point de vue de l'idiome, autorisé à regarder leur langue comme s'étant dans le passé rattachée à celle des Sémites. A coup sûr, si des philologues, connaissant à fond les divers dialectes de la langue *Escuara*, allaient se mettre en rapport avec les habitants des montagnes de l'*Ibérie* caucasique, je n'hésite pas à croire qu'ils trouveraient dans les termes se rattachant à une industrie primitive des rapports à peu près identiques. Ce moyen, je l'ai moi-même employé en comparant le basque avec le patois ariégeois, et de cette comparaison est résulté la conviction pour moi, très claire, que les Euskes avaient exercé une influence manifeste sur nos anciens montagnards sotiates, que César a compris dans l'Euskarie en les disant limitrophes des villes de Toulouse, Carcassonne et Narbonne, et que Strabon a évidemment renfermés dans l'Euskarie en trouvant la limite orientale de cette province ibérienne aux Corbières unissant les Pyrénées aux Cévennes.

Si toutefois on trouve, dans quelques vallées des Pyrénées, des noms de lieux portant le cachet celtique, ce n'est pas un motif pour croire qne la Celtique s'avançait jusque dans ces vallées. La Celtique proprement dite s'étendait au nord des Cévennes et de la rive droite de la Garonne. Mais les *Celtes*, plus civilisés que les *Ibères*, s'introduisant pacifiquement chez ces derniers, avaient dû trouver le moyen d'y former quelques établissements agricoles et industriels et d'y porter le germe de leur idiome et même de leurs institutions théocratiques. J'ai dit ailleurs (1) que des Santons, tribu celtique, paraissent s'être mêlés, dans le temps, avec nos Sotiates, qui n'en restent pas moins *Ibères* et Euskes jusqu'au temps de César.

(1) *Vallées ariégeoises avant l'invasion romaine*, chapitre IV, page 29.

Qu'on ne soit point surpris qu'à la suite de ce résumé j'ai remis ici sur le tapis et l'Ariège et mes *Sotiates*. Si j'ai longuement parlé des *Ibères*, c'est qu'à eux se rattache l'histoire primitive de NOS VALLÉES ARIÉGEOISES, et comme ce que j'ai écrit, en profitant de l'inspiration de l'académicien Lancelot, a trouvé et trouve encore des contradicteurs, il importait de suivre ces aristarques dans toutes leurs attaques et de finir en répondant à chacune des objections sérieuses, que verbalement ou par écrit on m'a faites, et qui ne me paraissent pas de nature à devoir ébranler ma conviction.

Voici donc, en résumé, ce que j'ai voulu établir dans cette dernière revue ethnographique, en rectifiant même le texte de quelques-uns de mes précédents écrits se ressentant de l'incertitude où m'avait laissé la lecture de bien des ouvrages modernes ou les mêmes points historiques avaient donné lieu à de bien vagues et obscures dissertations.

Mon but a été donc de prouver :

1° Que les *Ibères*, sortis du sud du Caucase où ils portaient le nom caractéristique d'*Ibères*, quoique mêlés à d'autres groupes ont été les premiers habitants connus de l'Espagne, de nos Pyrénées et du centre de la Gaule, étant venus dans cette partie de l'occident européen, en s'y rendant par l'Afrique et avant tous autres immigrants ;

2° Qu'ils imposèrent leur nom asiatique à l'Espagne, comme les Gaëls imposèrent le leur à la Gaule ;

3° Que les *Celtes*, de race gaëlique, n'étaient qu'une fraction des Gaëls aryens, et qu'à leur arrivée dans l'occident de l'Europe, en suivant la ligne du Nord, ces Celtes se concentrèrent entre la Loire, les Cévennes et le cours inférieur de la Garonne ;

4° Que si on a confondu le nom des *Celtes* avec celui de tous les autres Gaëls, c'est que de la Celtique partirent en général tous les émigrants gaëliques poussés, soit vers l'Espagne, soit vers le centre ou le sud de l'Europe ;

5° Que ces Celtes, après s'être mêlés aux Armoricains de race ibérienne, d'entre la Loire et la Garonne, longeant la côte occidentale de l'*Ibérie*, allèrent jusque dans la Lusitanie et en repoussèrent les *Ibères* ligures, qui pressèrent à leur tour devant eux d'autres tribus ibériennes, éleusikes, bébrikes, sicanes, dont le passage est marqué au nord de l'*Ibérie*, entre le cours de la Sègre et la mer Méditerranée ;

6° Que cette voie, alors tracée à l'orient dès monts de la Sègre et des Corbières fût, à dater de ces migrations, celle qui mit désormais en communication l'*Ibérie* et la péninsule italique ;

7° Que par cette voie les Ligures, après avoir repoussé, comme je l'ai dit, Sicanes, Éleusikes et Bébrikes, occupèrent le pays jusqu'au Rhône, ce qui a fait dire à Strabon que l'*Ibérie* s'étendait du Rhône au détroit de Gadès ;

8° Que les Celtes, après avoir repoussé les Ligures de la Lusitanie revenant sur leurs pas, du Sud au Nord trouvèrent, sur les bords de l'Èbre, fleuve ibérien, des *Ibères* qui leur résistèrent et avec lesquels ils finirent par se confondre sous le nom si expressif de Celtibères ;

9° Que durant ces évolutions une seule grande tribu ibérienne, l'Euske, se maintint dans une complète indépendance et le dut aux fortifications naturelles, que l'isthme pyrénéen, sur lequel elle était retranchée, lui assurait ;

10° Que cette confédération, composée de vingt tribus, portait le nom d'*Euskualdunac*, que les Romains changèrent en celui d'*Aquitains*, ou d'après Strabon, en celui de *Ouiski*, *Iosci Vivisci*, et qu'elle s'étendait des monts de la Sègre et des Corbières à l'Orient, jusqu'à l'Océan vers l'Ouest ;

11° Que cette confédération se réduit de nos jours à quelques vallées occidentales que l'on nomme *Basques* et qui seules ont conservé quelque chose d'ibérien de l'époque primitive dans leurs usages et dans leur idiome;

12° Que cet idiome actuel des Basques, au sujet duquel tant de divagations ont été écrites, n'est et n'a pu être que celui en usage chez les *Ibères*, avant que Celtes, Carthaginois et Romains eussent porté des éléments nouveaux de langage dans toute l'*Ibérie*, car, sous César, ces vallées occidentales ne subirent pas le sort du reste de l'Aquitaine, et depuis, soit sous le Bas-Empire, soit sous les Mérovingiens, elles n'en conservèrent pas moins une certaine indépendance ;

13° Que cet idiome formé des dialectes primitifs des *Ibères* du Caucase, des Perses, des Mèdes, des Chaldéens et des Gétules, confondus à une ancienne date, idiome portant le cachet sémitique, par les rapports, plus ou moins éloignés, qu'il a avec la langue des Berbères de notre époque, se rattache incontestablement à celui des *Ibères* des premiers temps ;

14° Que le patois des vallées ariégeoises, à l'occident des Corbières, reproduisant divers termes, soit basques, soit même berbères, pas un doute ne peut s'élever, au sujet de l'ancien lien qui unissait jadis ces populations, séparées aujourd'hui par de grandes distances ;

15° Qu'abordant, en particulier, la question historique qui rattache les vallées ariégeoises aux *Ibères* et aux Euskes, on ne peut disconvenir que la véritable porte de l'Euskarie, en

venant de la province romaine, ou mieux de
Toulouse , Carcassonne et Narbonne , ne se
trouvât entre les Corbières et le cours supérieur
de la Garonne, se repliant vers la première de
ces villes ;

16° Que César a fait confronter à ces trois
villes le territoire des Sotiates, tribu euskarienne ;

17° Qu'il dit, en termes formels, qu'avant lui
ces Sotiates avaient mis en pleine déroute l'armée romaine et forcé son chef Lollius Manilius
à prendre la fuite ;

18° Que Plutarque nous dit qu'alors ce Lollius
était appelé de la province romaine en Espagne,
pour aller au secours de Métellus, aux prises
avec Sertorius ;

19° Que Paul Orose, ajoutant quelques détails
à ceux de César, au sujet de cette défaite des
Romains, ajoute que Manilius fuyant ne trouva
d'asile qu'à *Ilerda*, ville située sur les bords
de la Sègre , d'où l'on doit induire que
pour retrouver le théâtre de cette mémorable
victoire des Sotiates sur les Romains, il faut
visiblement le chercher sur un point de la ligne
partant de Toulouse, de Carcassonne ou de Narbonne, et aboutissant le long du cours de la
Sègre à Ilerda ;

20° Enfin, que si 18 ans avant César les Sotiates, vainqueurs des Romains, étaient sur cette ligne mathématiquement tracée, il est illusoire, pour ne pas se servir d'une plus irritante expression, de prétendre qu'ils habitaient, quand Crassus les attaqua, à Condom, à Lectoure ou au *Scitium* des itinéraires, localités qui n'étaient ni limitrophes de Toulouse, Carcassonne et Narbonne, mais étaient placées, par rapport à la province, à l'opposite de la Sègre, d'Ilerda et de l'Espagne.

Je ne crains pas d'ajouter, en ne perdant pas un moment de vue les termes dont César s'est servi pour nous faire une peinture de la patrie des Sotiates, qu'en les plaçant dans l'Ariège il y a là une voie assez facile pour venir de Toulouse et Carcassonne à Ilerda ; que l'entrée de cette voie était défendue au pas de *Labarre* par de véritables thermopiles , et que des mines de divers métaux y étaient exploitées presque dans chacune des vallées dont la race chevaline était alors, ainsi que de nos jours, en grand renom, toutes particularités signalées dans les *Commentaires* comme attachées à la patrie des Sotiates.

FIN

TABLE

——

CHAPITRE PREMIER

Examen sommaire du livre de M. Graslin sur l'*Ibérie*, dont,
avec bien des écrivains modernes les plus autorisés, je ne puis
accepter ni la thèse ni les conclusions. — M. Graslin soutient
qu'à l'origine des temps historiques l'occident de l'Europe n'é-
tait habité que par des Celtes; que les Ibères n'étaient autres
que des Celtes fixés sur les bords de l'Èbre; que les premiers
explorateurs de l'Espagne ont été les Phéniciens; que les Latins
ont connu l'intérieur de l'Espagne avant les Grecs, et que si
quelques auteurs latins n'ont vu, comme les Grecs, que des
Ibères dans la Péninsule, à l'origine des temps, ils se sont
tous trompés. — Premiers motifs pour ne pas admettre une

CHAPITRE II

On est généralement d'accord sur ce point que les anciens habitants de l'occident de l'Europe venus de l'Asie formaient la
race *Indo-Européenne*; les uns ne voient entre eux aucune
différence, les autres les divisent en *Indo-Germains* et

CHAPITRE XV

CHAPITRE XVI

CHAPITRE XVII

Foix, imprimerie Veuve Pomiès.